나는 지금보다 더 많이
행복해질 자격이 있다

나는 지금보다 더 많이
행복해질 자격이 있다

이영숙 지음

매일경제신문사

프롤로그

누구도 과거로 돌아가 새로 시작할 수 없지만, 누구든 지금부터 새로 시작해서 새로운 결말을 만들 수는 있다.

학교에 입학하기 전, 우리 동네는 새롭게 개발되던 곳이었다. 흙이 좋지가 않아서 유난히 공기 질이 좋지 않았던 것 같다. 나를 비롯한 동네 아이들이 황사 현상까지 더해지는 봄이 되면 눈병으로 고생하는 경우가 많았다. 아버지는 동네 분들과 의논해서 몇 대의 트럭으로 새 흙을 날라 골목을 덮었다.

언니들과 오빠가 학교에 가고 집에서 혼자 놀던 나는 동네 아이들과 흙을 밟으며 뛰어다녔던 것이 기억난다. 그때의 흙냄새가 너무 좋았다. 이후로 땅강아지와 지렁이도 많이 볼 수가 있었고, 나의 놀이 친구가 더 생기게 되었다. 그리고 우리는 전처럼 눈병으로 고생하는 일이 없어졌다.

아버지는 나의 슈퍼맨이셨다. 세상에 두려울 것이 없게 만들어 주셨다. 다섯 살에 두발자전거를 배울 때도 뒤에서 잡아주고 계셨던 아버지 덕분에 무서울 것이 없었다. 그렇게 배웠던 자전거를 타고 동네에서 찻길을 건너 조금만 더 지나면 있는 미꾸라지 양어장을 지나, 공주 능으로 향했던 적이 있다. 그러다 미꾸라지를 보고는 동네 아이들과 미꾸라지를 잡으려고 양어장에 들어가서 휘젓고 다니다가 주인아저씨한테 들켜서 부랴부랴 밖으로 나오게 되었다. 그런데 내 다리에 거머리가 붙어 있었다. 순식간에 몸집이 두 배로 불어나는 거머리를 보고 놀라서 울음이 터졌다. 동네 아이들이 아이스크림 막대로 떼어내려 했지만, 거머리의 빨판은 떨어질 생각을 하지 않고, 오히려 더 단단하게 매달려 나의 피를 더 세게 빨고 있었다. 나는 겁에 질려 더 크게 엉엉 울었고, 그것을 보던 양어장 주인아저씨가 라이터 불로 거머리를 너무 쉽게 떼어내 주셨다. 한바탕 야단맞고 두 번 다시 들어가지 않기로 약속한 후에 집으로 왔다.

자전거를 타고 집으로 오는 길에는 건널목을 지나는 택시 옆문을 들이받았다. 다행히 다친 데 없이 무사했으나 연달아 일어나는 놀라운 사건으로 나의 심장은 방망이질을 멈출 수가 없었다. 택시기사 아저씨께도 크게 야단을 맞고 울면서 집에 도착했을 때 아버지는 놀라 나를 안아주셨다. 그리고 다친 곳이 없는지 살피셨고 택시기사 아저씨는 그냥 가셨냐고 물으셨다. 나는 울면서 야단만 치고 그냥 가셨다고 이야기했다. 그리고 엄마는 나를 받아 안고 씻겨서 재워주셨다.

그러나 밤늦도록 다리에 붙어 내 피를 빨아먹던 거머리 생각으로 잠이 오지 않았다. 처음으로 봤던 거머리가 몸을 부풀리는 것에 나는 제대로 겁을 먹었다. 양어장 주인아저씨와의 약속이 없었더라도 두 번 다시 들어갈 생각은 없었다. 그날의 놀란 경험을 하고는 두 번 다시 자전거를 타지 않았고 양어장도 들어가지 않았다.

나의 슈퍼맨이었던 아버지가 돌아가시고, 똑똑하고 예쁜 작은언니가 세상을 떠나고부터 많은 것이 변했다. 택시 옆문을 들이받았을 때와 다리에 거머리가 붙었을 때, 놀랐던 것과는 비교도 할 수 없는 놀랍고 고통스러운 순간들이 너무도 많았다.

어쩌다가 한 부모 가정이 되어 균형을 잃은 상태에 가까스로 깨진 균형을 잡고자 살아오며 너무도 많은 것을 깨닫게 되었다. 우리는 자신이 부족하고 지금의 형편이 어렵다고 나보다 힘이 있고 권위가 있는 사람들의 말을 듣는다. 그것이 전부인 양 착각하며 자신의 정신적 소모와 귀한 시간을 모두 내어주고 있다. 그러면서 그들이 내게 뭔가 해줄 것이라는 착각과 기대를 하기도 한다. 그러나 그것은 100% 착각이라는 것을 실감하게 될 것이고, 세상의 원망을 더 쌓을 것이다.

적어도 자신의 인생을 낭비하며 세상을 원망하는 가장 불행한 삶에서는 벗어나야 한다. 나는 일을 하며 많은 암 환자들을 만날 기회가 있었다. 그들과 그의 가족들도 모두가 오로지 흰 가운을 입은 의사들의 말이 절대적이고 신처럼 여기는 것을 봤다. 의사가 여생이 6개월 남았다고, 말을 하면 그 말을 믿으며 하늘이 무너진 듯한 표정으로 이미 죽음을 생각하고 있다. 그런 상태에서는 아무것도 기대할 수 없음을 그들을 보면서 느끼게 되었다.

그 당시 내가 봤던 책 중 켈리 누넌 고어스(Kelly Noonan Gores)의 《HEAL 치유》라는 제목의 책에서 크게 공감하는 내용이 있었다. 자신의 사무실에 한 사람이 들어와 의사에게 엄청난 진단을 받고 예후에 대해 듣고 왔다며 엉엉 울었다고 한다. 그를 잠시 기다리게 하고 가운을 입고 다시 와서 그 환자에게 이렇게 말했다고 한다.

"환자분 삶이 이제 더 좋아질 것이라는 사실을 아셨으면 합니다. 굉장히 멋진 모닝콜을 받으신 거고요. 환자분은 이제 나쁜 습관의 악순환을 깨뜨릴 것이고 그러면서 신체적 변화를 보게 될 겁니다."

빚더미에 앞날이 캄캄해지고 실명 위기까지 겹쳐서 도저히 벗어날 길이 없다고 여겼다. 그 순간 나는 그 상황이 된 것을 원망하며 자신을 놓으려 했다. 어쩌면 자신의 의지 하나 없이 의사들의 말만 믿던 그 암 환자들과 다를 것이 없었다고 생각한다. 내가 무엇을 할 수 있는지, 무엇을 해야 하는지조차 알 수가 없었다. 그럴 때는 너무도 쉽게 내가 해야 할 결정을 내려놓고 누군가의 말을 듣게 된다. 하지만 결국은 모든 것을 내가 해결해나가야 할 일이기에 내가 무엇을 할 수 있는지 나를 대신해서 다른 사람들이 결정하게 하지 말아야 한다. 지금 상황이 힘들다면 그것 역시 '내가 멋진 모닝콜을 받은 것'이라고 생각해보면 좋겠다.

칼 바드(Carl Bard)는 "누구도 과거로 돌아가 새로 시작할 수 없지만, 누구든 지금부터 새로 시작해서 새로운 결말을 만들 수는 있다"라고 말했다. 나는 암보다 더 무서운 것은 자신의 상황을 한탄하며 일어서보려고 노력조차 하지 않는 것이라고 생각한다.

그 환자들을 만나면서 그들의 변하지 않는 생각에 놀랐다. 자기 죽음을 앞두고 마음을 바꾸기를 그렇게 애원하며 생각을 변화시키려고 아무리 대단한 책의 내용을 들이대도, 절대 변하지 않고 의사의 6개월 사형선고만을 믿는 그 마음을 이해할 수 없었다.

우리는 잘 살기를 원하지만, 내 생각이 나의 마음이 그것을 방해하고 있다는 사실조차 모르고 사는 경우가 너무도 많다는 것을 느꼈다.

슈퍼맨처럼 여겼던 아버지의 따뜻하고 든든한 보살핌과 부드럽고 다정한 엄마의 보살핌 속에서 나는 부족함 없이 살았다. 그러나 나의 아이들에게는 그렇게 해주지 못했다. 가정의 불행은 우리 아이들에게도 불행이다.

　나의 경험상 자신의 불행한 처지를 항상 누군가와 비교를 하게 되고, 그 안에 나의 불행을 생각하면서 찾아오는 우울함과 무력감으로 자신이 더 작고 보잘것없는 존재로만 느껴졌다. 나처럼 뜻하지 않게 한 부모 가정이 되었거나 위기의 가정에 있으면서 혹시라도 그런 마음이 든다면 그 영향은 우리 아이들에게도 미치게 된다.

　하지만, 그런 모든 불행한 순간들이 자신이 얼마만큼 크게 성장할 수 있는지, 그 기회를 주고 있는 것임을 미리 알고 있다면 자신의 가치를 좀 더 빨리 볼 수 있게 될 것이다.

　우리 몸의 세포는 각 기관과 조직마다 각기 다른 주기를 가지고 태어나고 죽는 것을 반복하며 날마다 새로운 나를 만들고 있다. 위의 세포는 3일을 주기로 새롭게 태어나고 죽는 것을 반복한다. 먹고 소화하는 일을 하는 위의 세포는 생명의 가장 근원적인 역할을 하기에 그 주기가 매우 빠른 편이다. 우리 몸의 세포가 새롭게 태어나고 죽는 것을 반복하며 건강을 유지해나갈 수 있듯이 의식은 우리의 경험을 통해 새롭게 깨닫고 성장을 해나갈 수 있게 되는 것이다.

　우리의 의식은 내 삶을 가장 좋은 방향으로 이끌어가기 위해 중요한 역할을 한다. 그리고 그 의식이 성장하게 하는 직접적인 방법은 시련과 고통이다. 그 과정에서 깨달음을 통해 얻게 되는 것이다. 내게 닥친 고통이 크다고 여겨질 때가 더 크게 노력해야 할 때다. 더 크게 알아야 할 것이 있을 때다. 그리고 또 다른 기회가 내게 오고 있음을 예고하는 것이다.

이 책은 모두가 피해 갈 수 없는 시련과 고통으로 많은 시간을 허비하고 힘들게 보내지 않기를 바라는 마음에서 시작되었다. 나는 너무 오랜 시간을 무엇이 잘못되어 내가 힘들게 사는지를 몰랐기에 많은 시간을 고통 속에서 살았다. 나는 그저 내 삶의 경험에 관한 전문가일 뿐이지만 나의 경험을 토대로 알게 된 깨달음이 나의 삶을 변화시켰듯 이 책을 읽는 독자들도 자각의 스위치를 켤 수 있기를 바란다. 진정 자신이 원하는 삶을 좀 더 빠르게 그려나갈 수 있기를 바라며 이 책을 썼다.

더 나아가 우리의 소중한 아이들을 위해서 각자 가장인 우리 어른들이 든든한 울타리가 되어주기를 희망한다. 지금 힘든 상황이 단지 고통이 아님을 알고 함께 이겨나가며, 당신도 당신의 아이들도 지금보다 더 많이 행복해지기를 간절히 바란다.

그동안 나와 함께하며 힘들었을 우리 아들과 딸에게 사랑을 담아 이 책을 바친다.

이영숙

목차

1장

꿈이 있는 사람은
아름답다

지금 나는 어디에 있는가?

나는 4남매 중 언니 두 명, 오빠 한 명을 둔 막내로 태어났다. 우리 집은 그 당시 구멍가게(지금의 슈퍼마켓)를 운영하고 있었다. 담배를 같이 판매하고 있었기에 주변의 다른 가게보다 아주 유리했다. 우리 집은 동네에서 담배 가게로 불리고 있었고, 그 덕분에 나는 '담배 가게 막내딸'이라는 호칭으로 불리게 되었다. 내가 지나가면 동네 분들이 부르는 소리가 듣기 싫어서 짧은 거리도 뛰어다녔는데, 그 때문에 나는 또 하나의 별칭을 얻게 되었다. 바로 '고삐 풀린 망아지'다. 그리고 나는 우리 집에서 기르던 개, 고양이와 같이 뒹굴면서 노는 것을 가장 좋아했다.

아버지는 말씀이 없으신 편이었고, 늘 엷은 미소를 머금고 계셨다. 인자하고 자상하셨던 아버지를 동네 아이들은 무척 잘 따르고 좋아했다. 동네 어른들도 고민이나 힘든 일이 있으면 우리 아버지에게 찾아와 상담했다. 우리 집은 오가며 들러서 하소연도 하고 놀다가 가는 그런 집이었다. 엄마가 계실 때는 엄마에게, 아버지가 계실 때는 아버지에게 그들이 다른 데서는 말하기 힘든 이야기를 풀어놓고 가고는 했다.

나는 그때 뭐가 그렇게 힘든 일이 많아서 날마다 우리 집에 와서 하소연하는지 이해가 되지 않았다. 물건을 살 때 외상은 기본이었고, 돈도 빌려 가서 갚지 못해 미안하다고 하는 이야기를 들을 때는 어른들 일이지만 사는 게 그렇게 힘든가 싶었다. 아버지는 고시원에서 공부하는 학생들에게는 먹을 것을 그냥 주기도 하면서 언제든 배가 고프면 오라고 말씀하셨다. 실제 아버지가 돌아가시고 2년이 지났을 무렵, 고시생이었던 분이 잘 풀려서 감사하다고 인사하러 왔다가 아버지가 돌아가셨다는 말을 듣고 지난날을 이야기하며 한참을 울다가 간 적도 있었다.

엄마는 자식들을 위해서 날마다 기도를 하셨다. 특히나 작은언니가 아팠을 때는 한겨울에도 새벽기도를 하기 전에 냉수로 목욕을 하시고는 했다. 나는 도저히 엄두도 못 내는 일이다. 그리고 손수 뜨개질을 해서 옷을 만들어주셨는데 디자인이 예뻐서 우리가 무

척 좋아했었다. 소풍 갈 때는 엄마가 만들어주신 옷을 입는 날이었
다. 새로 산 구두와 엄마가 만들어 주신 옷을 입으면 모두가 예쁘다
고 만져봤고, 그날은 인기가 높아졌다.

그렇게 부러울 것 없이 마냥 즐겁고 행복하기만 했던 시간을 보
내며, 고등학교를 마치고 대학을 들어갔을 때였다. 약을 드시는 아
버지의 모습을 보게 되었고, 걱정되었던 엄마는 아버지를 모시고
병원을 찾아갔다. 병원에서는 위암 말기라고 했다. 가족 모두가 하
늘이 무너진다는 것이 어떤 것인지를 알게 되는 순간이었다.

1984년 막 대학에 입학하고 얼마 되지 않아 아버지는 돌아가셨
다. 나는 그 핑계로 대학을 중퇴하고 다른 길을 찾게 되었다. 어느
덧 큰언니와 오빠는 결혼했고, 작은언니와 나는 엄마와 함께 살았
다. 그러나 작은언니도 1989년에 피부암으로 20대의 꽃다운 나이
에 세상을 떠났다. 너무도 행복했던 우리 집은 순식간에 눈물로 나
날을 보내는 상황으로 변했다. 엄마와 단둘이 남게 된 나는 종로의
교보문고에서 살다시피 하면서 '사람이 왜 태어나고 왜 죽는지에
대한 의문'을 가진 채 책 속에 파묻혀 시간을 보내고 있었다.
그러다가 남편을 만나게 되었고 웃는 모습이 너무나 좋았다. 별
생각 없이 만나다가 점점 좋아졌던 나는 엄마의 반대를 무릅쓰고
늦은 결혼을 했다. 하지만 남편은 모든 것에 자신감이 없이, 세상

과 등진 사람처럼 행동했다. 당연히 생활비가 필요한데 남편이 생활비를 벌지 않으니 임신한 상태에서도 내가 일을 해야 했다. 아들이 태어나기 전에 나는 엄마 집으로 들어가서 살아야 했다. 지금 생각하면 너무나 철없이 지냈던 시간이다.

작은언니를 잃은 엄마에게 나의 아들은 선물 같은 존재였다. 아들의 모든 모습에서 작은언니의 모습을 보셨고, 엄마는 나의 아들을 보면서 위안을 얻으셨다. 나는 그것으로 엄마에게 죄송한 마음을 조금이나마 갚을 수 있게 되었다고 생각하며 지냈다. 둘째가 태어날 무렵 엄마는 좀 더 큰 집으로 이사를 하셨다. 우리는 더 편안하게 지낼 수 있게 되었고, 아이들도 무탈하게 잘 크고 있었다.

하지만 생활력이 부족했던 남편은 심하게 눈치를 보면서 불편해했다. 더 이상 엄마의 집에서 살기가 힘들었다. 그래서 엄마의 집 근처에 작은 집을 사서 이사를 하게 되었다. 그런데 누구보다 좋아해야 할 남편은 왠지 좋아하는 기색이 없었다. 그 이유를 시간이 지나고 나서야 알게 되었다. 그때 이미 남편은 친구를 따라 경마장과 경륜 도박장에 다니며 도박을 했고, 신용카드를 만들어 쓰다 생긴 빚이 있었기 때문이었다. 집을 사면 빚을 갚을 수가 없게 되니까 좋아할 수가 없었던 것이었다.

그런 지경이 되도록 나는 전혀 눈치채지 못하고 있었다. 오로지 아이들에게만 초점이 맞춰져 있던 나는 남편에게는 점점 무관심해졌다. 남편이 생활비를 주지 못했던 터라 내가 생활전선에 뛰어들다 보니 그럴 경황이 없었다. 아니, 솔직히 신경 쓰고 싶지 않았다.

그러던 중 뜻하지 않은 남편의 죽음은 나를 일어설 수 없게 만들었다. 남편이 신용불량자가 된다고, 카드빚을 갚아야 한다고, 난리를 치는 바람에 처음에는 내 신용카드에서 800만 원이 넘는 돈을 대출받아서 갚아주었다. 다음 달이 되니까 그보다 많은 금액을 또 갚아야 한다고 이야기를 했다. 그다음 달도 마찬가지였다. 갚아도 계속 또 갚아야 하는 카드빚이 이해가 되지 않았다. 이미 집을 살 때 받은 대출이 있는 상태여서 더는 주택담보대출을 받을 수가 없었다. 나는 은행대출을 받으면서 큰언니가 보증을 서게 했고, 연대보증이라는 것이 얼마나 무서운 것인지를 그 이후 몸소 체험하게 되었다. 그런데 빚은 내가 알고 있던 금액이 전부가 아니었다. 얼마인지도 모를 금액의 빚으로 빚쟁이들한테 계속 시달리고 신용카드사에 시달리고 큰언니에게 피해를 주게 되는 상황까지 되었다. 죽은 남편에 대한 연민을 느낄 수 있는 시간조차 없었다. 그리고 원망과 미움으로만 가득 차 있어서 슬픔보다는 어떻게 해야 할지가 더 급했다.

이미 남편이 처음 빚이 있다고 이야기했을 때, 나는 충분히 충격을 받았고, 그로 인한 심한 스트레스로 중심성 망막증이라는 병을 얻었다. 구멍이 난 망막에서 분리된 시신경이 점점 죽어가면서 실명할 수 있는 병이었다. 이미 나는 어느 정도 진행이 되어 실내에서는 초점이 맞지 않아 눈물이 나기 때문에 한쪽 눈으로만 생활해야 했다. 그렇게 다져졌던 터라 그 이상의 어떤 것도 괜찮을 것으로 생각을 했는데, 막상 내게 닥친 일들은 그것을 뛰어넘는 일이었다. 수습해나가는 과정에서 내가 모르는 것이 너무도 많아서, 고스란히 당하는 일들이 많았다는 것을 뒤늦게 알게 되었다.

지난 시간을 돌이켜 보면 남편을 원망하는 것에만 급급했던 나는 완전한 피해자일 뿐이었다. 하지만 어찌 보면 '오히려 내가 가해자는 아니었을까?' 하는 생각을 하게 된다. '무관심이 남편이 방황하며, 도박장을 전전하게 한 것이 아니었을까?' 하는 생각도 하면서 너무나 젊은 나이에 죽게 된 남편이 한없이 가엾고 불쌍하게만 느껴진다.

결혼하고 부모님께 받았던 사랑을 남편에게 주면서 살았던 시간은 너무도 짧았다. 잠자리에 누워 잠들기 전까지 서로가 책을 읽어주는 모습을 상상했다. 그런 결혼생활을 꿈꾸었는데 단 한 번도 그렇게 해볼 겨를도 없이 끝이 나게 되었다. 행복한 신혼생활은 잠시였고, 생활고에 시달리면서 하루하루 살기에 바빴다. 예전에 우리 집에 와서 힘든 생활을 하소연했던 그때의 동네 분들이 생각이 났고, 그들이 이해가 되었다.

좀 더 남편을 이해하려고 애쓰고 신경을 썼더라면 어땠을까? 내가 못했던 것만 생각나고 후회가 되는 시간 속에 17년이 훌쩍 지났다.

이제는 원망도 없고, 듬뿍 사랑해주지 못했던 것에 대한 미안한 마음만이 남아 있다. 지금이라도 "여보, 당신을 정말 사랑해. 그리고 너무 미안했어"라고 말해주고 싶다. 나의 결혼생활이 불행해보일 수 있겠지만, 그래도 난 결혼을 통해 세상을 많이 알게 되었고, 귀하고 사랑스러운 아이들이 있어 행복하다.

지금의 나는 우리나라에서 자랑으로 여기는 태권도의 역사 속에서, 어엿한 태권도인이 되어 시간을 보내고 있다. 비록 6단까지가 전부일 수도 있지만, 아직은 태권도에 몸담고 있으며 태권도의 발전을 생각하는 한 사람으로서 꿈을 가지고 살아가고 있다.

어쩌다 태권도

　나는 나보다 일곱 살 많은 큰언니와 세 살 많은 작은언니가 있다. 큰언니는 어디를 가든 작은언니만 데리고 다녔다. 내가 너무 어렸기 때문이었을 것이다. 작은언니는 똑똑하기도 했지만 정말 야무졌기 때문에 데리고 다녀도 신경 써야 할 일이 없었던 것 같다.

　나는 언니들이 나가면 나보다 다섯 살 위의 오빠와 노는 일이 많았다. 아니 같이 놀기보다는 오빠의 놀림 대상이었다. "문둥이 눈썹에, 납작 돼지 코에, 합죽이 입에, 넌 다리 밑에서 주워 왔어"라는 말로 놀려대고는 했다. 그 말을 들을 때마다 나는 오빠에게 대들었고, 오빠는 그것을 재미있어 했다. 오빠의 눈에는 내가 조막만 해보였는지 땅콩이라고도 불렀다.

나는 그렇게 부르는 것도 싫었다. 그렇게 오빠와 있는 시간이 많아서인지 여자아이들과 놀기보다는 남자아이들과 구슬치기와 딱지치기 놀이를 하며 지낼 때가 많았다.

어느덧 오빠는 고려대학교에 합격해서 새롭게 뭔가를 배우려고 계획했고, 그중의 하나가 태권도였다. 신나서 태권도 도장에 접수하고 열심히 하더니, 일주일 만에 힘들어서 못 하겠다고 그만두었다. 그때 나는 중학교 3학년이었는데 공부에 집중해야 하는 시기였지만, 내가 오빠 대신 태권도를 배우겠다고 떼를 쓰며 매달렸다.

다섯 살 때부터 무용하고 싶었던 나는 내성적인 성격이기도 했고, 무용하고 싶다고 하면 오빠의 놀림이 하나 더 추가되지 않을까 생각되어 배우고 싶다는 말을 한 번도 하지 못했다. 그렇게 중학교에 들어가고 이제는 너무 늦었다는 생각에 포기하려니, 말을 꺼내 보지도 못하고 꿈을 접어야 하는 것이 억울했고, 그런 나 자신에게 화가 났다. 그래서 분풀이로 태권도를 배우겠다고 나섰다.

결국, 나는 태권도를 시작할 수 있게 되었다. 처음에는 모든 것이 어색했지만, 하나씩 몸에 익숙해지는 과정에서 그동안 한 번도 경험하지 못했던 성취감이라는 감정을 느끼게 되었다. 그런 느낌을 느끼면서 나는 날마다 흥분이 되었고 아주 행복했다. 하지만 기합 소리를 내는 것은 쑥스러움에 도저히 낼 수가 없었다. 그러던 어느 날 관장님과 겨루기를 했는데 일방적으로 맞기만 하다 보니까 오기가 발동하면서 기합 소리가 저절로 나오게 되었다. 그 한 번의 기합 소리로 평생을 기억할 만큼 가슴이 뻥 뚫리는 듯 시원함을 느꼈다. 그 이후로 내 생각을 이야기하면서 어느 정도 내 주장도 할 수 있게 되었다.

나는 그 시절이 참 좋았다. 운동을 마치고 집에 돌아오면 목마름을 달래기 위해 냉장고에서 콜라나 사이다를 꺼내서 마시고 또 마셨다. 그 모습을 지켜보시던 아버지는 맥주 한 캔을 꺼내서 반을 마시고 주셨다. 맥주를 마시면 금세 목마름이 해소되었다. 나는 그때도 아버지가 주신 사랑을 마셨다.

어느 날 관장님의 친구가 체육관에 놀러 오셨는데 영화감독이라고 했다. 새로운 영화의 여자 주인공이 무술을 할 수 있어야 했기에 체육관을 다니며 주인공에 어울리는 사람을 찾고 있다고 했다. 며칠을 계속해서 오가시더니, 결국 관장님과 우리 부모님을 찾아와 설득한 적이 있었다. 무슨 말이 오갔는지 모르겠지만 흐지부지 없었던 이야기가 되면서 나도 잊어버렸고 더 이상의 말이 없었다. 아주 가끔은 생각을 해본다. '그때 내가 영화를 찍게 되었더라면 어땠을까…?'

고등학교에 입학하면서 새로운 환경에 적응하느라 마음도 몸도 바빴다. 엄격하기로 유명한 학교라서 날마다 긴장을 해야 했고, 학교에 가는 길이 정말 싫었다. 그러나 다행이었던 것은 1학년 입학하고 얼마 지나지 않아 내가 그토록 하고 싶어 했던 무용을 할 수가 있게 된 것이다.

처음에는 작은언니의 영향으로 특별활동 시간에 현악반을 선택했다. 나는 바이올린을 사서 연습을 하는 과정에서 잘못된 선택이라는 것을 깨닫고 있었다. 어찌해야 할지 모르고 있을 때 무용반 선생님이 현악반 선생님과 이야기를 나누시더니 나를 무용반에서 활동할 수 있도록 해주셨다. 정말 구세주였다. 오랜 시간 열망해왔던 무용을 하게 된 것이다. 정말 꿈만 같았다. 학교생활이 갑자기 즐거워졌다.

2학년부터 야간학습 때문에 태권도를 꾸준히 할 수는 없었지만, 틈틈이 운동하며 3단까지는 취득할 수 있었다. 하지만 관장님이 체육관을 다른 사람에게 넘기면서 난 더 이상 태권도를 하지 않았다. 점차 시간이 지나면서 태권도를 잊었다. 그런데 아무것도 할 수 없을 것이라고 여겼던 그 힘들었던 시기에 난 다시 태권도를 만나게 되었다.

시간이 흘러 결혼을 하고, 아이 둘을 낳으며 유치원을 보내게 되었을 무렵이다. 나를 닮아 내성적이었던 아들을 보고 유치원과 태권도 체육관을 같이 운영하는 곳을 찾았다. 그곳에 아들과 딸을 보냈고, 관장님과 우연히 이야기하게 되면서 차 운행시간에 아이들을 가르칠 기회도 얻게 되었다. 운동을 다시 할 수 있는 시간이 주어졌으며, 내게는 선물 같은 시간이었다.

관장님께서는 내가 운동하는 것을 보고 그만두기에는 너무 아깝다며 경기도태권도협회(이하 경태협)와 연을 맺게 해주셨다. 그 인연으로 나는 뒤늦은 야간대학을 다니면서, 부지런히 4단을 취득했고, 사범 자격증과 겨루기 심판 자격증도 취득할 수 있었다. 대학을 졸업하고 심판 생활을 하면서 꾸준히 승단 심사를 보며 단을 높여갔다. 품새 심판 자격증과 심사평가위원 자격증도 취득하며 조금씩 자신감을 키웠다.

이렇게 하나하나를 내 것으로 만들어가는 과정에서 태권도는 나의 인생이 되었고, 태권도에 대한 마음이 점차 달라져 갔다. 그저 원하는 동작을 만들어가며 느꼈던 성취감을 뛰어넘어 사명감이라는 것이 생기게 된 것이다.

삼성이 수출하며 세계에 대한민국을 알리기 전부터, 수많은 사범님은 열악한 환경에서 전 세계에 태권도를 보급하며 대한민국을 알려왔다. 그 결과, 249개 나라 중 212개의 나라에 태권도를 보급할 수 있게 되었고, 2023년 기준 우리나라 총인구보다 훨씬 많은 1억 5,000만 명이 수련하고 있다. 그리고 각 나라의 학교에서도 태권도를 가르치고 배우는 사람의 수가 점차 늘고 있다.

이러한 결과 뒤에는 수많은 사범님들이 목숨을 담보로 위험을 감수하며 치열하게 전파한 노력이 있다고 할 수 있다. 그 과정에서 고국으로 돌아오지 못하고 이내 해외에서 돌아가신 분들도 계신다. 고국으로 오고 싶지만, 여건이 어려워 돌아오지 못하고 있는 원로 사범님들도 계신다.

내가 몸담은 경태협에서는 이런 원로사범님들을 초청해서 모국의 태권도 발전 모습과 국내외의 사범님들과 만남을 통해 향수를 달랠 수 있는 시간을 만들고 있다. 이런 모든 계획을 하며 진행을 하고 계시는 경태협 회상님을 존경한다. 지금의 내 생각의 변화에 가장 큰 영향을 주신 분이기도 하다.

우리나라 역사와 함께해온 태권도는 신이 우리 민족에게 준 최고의 선물이라고 생각한다. 태권도의 발전은 우리나라 발전의 일부이며 자랑이기도 하다. 나는 이런 태권도의 흐름 속에 한 켠에서 함께하고 있음이 너무도 행복하고 감사하다.

　태권도를 처음 배울 때 생각했었다. '모든 사람이 태권도를 배우면 내가 느끼는 이런 느낌을 알 수 있을 텐데, 그럼 나처럼 행복하겠지? 난 이렇게 재미있고 좋은데, 오빠는 왜 힘들다고 그만두었을까?'

　지금도 그 생각에는 변함이 없다. 그렇게 태권도는 내 마음에 깊이 자리 잡게 되었다. 나에게는 방향을 알게 해주는 등대 같은 존재다. 나의 마음에 켜켜이 쌓여있는 태권도에 대한 마음은 나를 태권도인으로 만들어가고 있다.

인생을 가르는 것은 꿈의 차이다

우리 집은 늘 웃음소리가 끊이지 않았다. 언니들과 오빠와 나는 겨울이면 따뜻한 아랫목에서 이불을 덮고 앉아서 TV를 봤다. 그러면 아버지는 귤을 한 아름 덮은 이불 위로 던져주셨다. 우리는 귤을 먹으며 재미있는 영화를 보고는 했다. 오빠는 서부영화를 즐겨봤고, 언니들은 예쁜 배우가 나오는 외국영화를 많이 봤다.

TV가 한 대였기에 가끔 채널을 가지고 다툼이 있었다. 하지만 대체로 채널은 빠르게 고정되었다. 다섯 살이었던 나는 선택권이 없었고, 언니들과 오빠가 정하는 대로 볼 수밖에 없었다. 그때 봤던 한 편의 영화는 아무것도 모르던 나의 마음을 뒤흔들어놓았다. 장면 하나하나가 지금도 내 머릿속에 남겨져 잊히지 않고 있다.

무용수가 주인공이었다. 발레리나가 프리마돈나를 꿈꾸고 연습하는 장면들이었다. 그때는 무용이라는 단어도 몰랐지만, 무슨 내용인지 알 수 있었다. 주인공이 했던 동작 중 몇 가지를 따라 하는 것이 나의 놀이가 되었다. 사람의 몸으로 그토록 아름다운 표현을 할 수 있다는 것에 매료되어 머릿속에는 온통 그 생각뿐이었다.

몸을 푸는 과정에서 물구나무를 서는 동작도 있었다. 그 동작을 아버지가 낮잠을 주무시는 옆에서 했는데, 그쪽으로 넘어지지 않으려고 애를 쓰다가 목을 다쳤을 때도 있다. 따라 하다 보니 무릎으로 앉아서 뒤로 머리가 바닥에 닿기도 하고, 서서 뒤로 바닥을 짚을 수도 있게 되었다. 앉아서 일자로 다리를 벌리고 엎드려 앞으로 넘어갔다가 제자리로 다시 올 수도 있었다. 이런 모든 것은 나에게 정말 재미있는 놀이였다. 언젠가는 무용을 꼭 배울 것이라고 생각하며 나름 그때를 위해 연습을 했다.

매일 밤 똑같은 꿈을 꾸었다. 무용 선생님이 우리 집에 물건을 사러 오시는데, 나를 알아보지 못하는 선생님을 칫솔 한 개를 들고 따라가다가 결국은 놓치고 마는 꿈이었다. 나는 매번 너무 슬펐다.

이렇게 나에게는 간절한 꿈이 생기게 된 것이다.

오빠는 학교에서 돌아오면 가방을 던져놓고 가는 곳이 있었다. 동네 만화 가게였는데, 밥 먹는 것도 잊고 만화책에 빠져 살았다. 그때 오빠가 이야기해주었던 것이 지금도 생각난다. 우리가 사는 이곳은 시공간을 같이 생각해야 하지만, 쉽게 이해시키기 위해 평면만 놓고 이야기한다며 1차원 세계에서 4차원 세계까지의 차이를 설명해주었다. 평면에 장애물이 있을 때 1차원의 세계에서는 그 장애물을 넘으려고 생각하지 않고 돌아간다고 한다. 2차원 세계에서는 장애물 위로 넘어가려 하고, 3차원 세계에서는 장애물을 뚫어 통과하고, 4차원 세계에서는 그런 노력도 필요 없이 장애물을 그냥 통과할 수 있다고 했다. 우리가 사는 이 세상에는 이 모두가 동시에 존재한다고 했다. 그런 이야기를 기초로 많은 이야기를 해주었는데 '오빠는 만화를 보면서도 공부를 하나?'라고 생각했었다.

오빠가 고등학교 다닐 때 어느 날 학교에 불려갔던 엄마는 오빠가 보는 앞에서 선생님께 야단을 맞았다고 했다. 머리가 좋은데 공부를 하지 않는다는 이유였다. 그때 오빠에게 변화가 일어났다. 만화 가게를 더 이상 가지 않고 공부에 몰입하더니 불과 몇 개월 만에 전교에서 3등을 했다. 정말 놀라지 않을 수 없었다. 평소 오빠가 해주던 이야기를 듣다 보면 그럴 수도 있겠다 싶었지만, 나에게는 도저히 있을 수 없는 일이기에 그저 놀라웠다. 오빠는 결국 고려대학교 전자공학과를 선택하게 되었으며, 회사에 다닐 때도 그리고 자기 사업을 할 때도 몇 개의 특허를 냈다. 이렇게 자신의 꿈을 펼쳐 나가며 살고 있다.

큰언니는 중학교 때 선생님의 권유로 전국 미술대회를 나갔었다. 거기서 금상을 받게 되면서 그림을 그리기 시작했다. 수채화나 유화를 주로 그렸는데 특히 유화를 좋아했던 것 같다. 우리 집 옆에 약국을 하시는 분이 큰언니의 그림을 보더니 경희대학교에 추천해 주었다. 하지만 큰언니는 대학을 가지 않았다. 남동생과 둘이 같이 대학을 다니는 것은 부모님께는 큰 부담이기에 큰언니는 스스로 꿈을 접은 듯했다. 참 안타까웠다. 하지만 결혼을 하고 안정된 생활 속에서 다시 그림을 그리고 있다. 그 모습이 아주 보기가 좋다.

작은언니는 초등학교 2학년부터 피아노를 배웠다. 엄마는 작은 언니를 위해서 계를 들어 피아노를 사주셨다. 이후 고등학교에서는 특별활동으로 첼로를 배웠고, 담당 선생님은 작은언니가 전공하기를 원했다. 하지만 작은언니는 이화여자대학교 정치외교학과를 선택했다. 공부도 잘하고 외모도 예쁘며 운동도 잘했던 작은언니는 별명이 원더우먼이었다. 나는 그런 작은언니가 참 부러웠다.

한 집안에서도 이같이 자신의 꿈이 모두 다르고, 생각하는 것도 가는 길도 달랐다.

석촌역 근처에 살고 계시는 할머니는 일하면서 알게 된 분이다. 자수성가하신 분이며 100억 원대 재산이 있다고 했다. 8남매 중 둘째로 그 8남매의 모든 가족을 하나하나 다 챙기며 살고 계셨다. 집은 마당이 넓어서 몇 대의 차를 세워도 문제없었다.

가끔 방문하게 되면 다과를 주셨다. 실명 위기에 있을 때 내가 먹었던 건강식품을 드셨던 분인데 그분을 만나고 나면 정말 일주일간은 기분이 좋은 상태가 유지되었다. 그분은 상대를 기분 좋게 하는데 특별한 재능이 있으셨다.

그 할머니는 그때로는 늦은 나이에 시집을 갔는데 아무것도 없고 오히려 빚이 많았다고 한다. 결혼하기 전에는 친정 식구를 위해 양장점에서 수년간 일을 했고, 그 덕분에 옷감을 볼 줄 알았던 그분은 동대문 시장 한쪽 구석에 나무로 된 사과 상자를 엎어놓고 포목집에서 옷감 두 필을 빌려 팔기 시작했다고 말씀하셨다.

처음 며칠은 창피하기도 하고 쑥스럽기도 해서 고개도 못 들고 앉아 있다가 집에 가는 것을 반복하며 포기해야 하나 고민했다고 한다. 한 달 정도 지난 어느 날 지나던 사람이 옷감을 보더니 참 좋은 옷감이라며 두 필을 모두 사면서 더 사고 싶다고 했다. 그게 계기가 되어 장사가 재미있어지고 내 가게를 갖고 싶다는 꿈이 생겼다. 그러면서 돈이 모이면 점포 하나를 사고 또 돈이 모이면 점포를 하나 더 사서 늘렸는데, 단골도 많아지면서 많은 돈을 벌 수 있었다고 한다.

동대문 시장에서 사귄 친구는 돈을 벌면 강북에 부동산을 사고, 본인은 강남에 부동산을 샀는데 강남에 땅값이 더 많이 오르면서 자신이 더 빠르게 돈을 벌 수가 있었다고 한다. 그렇게 삶의 여유가 생기고 새롭게 하고 싶은 것이 생기셨다.

볼링장이 한참 많이 생기는 것을 보고 볼링을 배우고 싶은 생각에 접수하고 꾸준히 해 온 결과 프로 선수가 되셨다. 세계대회에도 출전할 만큼의 실력이었던 그분은 나이 예순이 넘어서의 일이라고 했다. 칠순 잔치의 비디오를 보여주면서 3층으로 된 볼링장을 통째로 빌려 잔치를 했는데, TV, 세탁기, 에어컨 등 가전제품을 경품으로 준비하고 하객들에게 시합을 시켜서 이긴 분들에게 선물로 주었다고 한다. 정말 멋진 분이셨다.

중학교 2학년 때 같은 반이었던 희수는 공부에는 전혀 관심이 없었다. 오로지 가수 엘비스 프레슬리(Elvis Presley)에 빠져 있었고, 그 가수의 거의 모든 노래를 적어서 들고 다니며 외우고 따라 불렀다. 그렇다고 영어성적이 잘 나오는 것은 아니었다.

그런데 이 친구가 고등학교 입학을 앞두고 영어 통역사가 되어
야겠다고 했다. 아무래도 미국에 직접 가서 그 가수가 활동했던 곳
을 둘러보고 싶다는 것이었다. '정말 미쳐도 단단히 미쳤다'라고 생
각했다. 그런데 결국 영어를 전공하더니 외국계 회사에 다니면서
번역일도 하고 통역사로도 활동하며 잘 나가는 친구가 되었다.

꿈은 그 사람의 인생을 어떻게 그려나갈지를 결정한다. 그리고
그 사람을 위대하게 만들어 준다. 많은 성공한 사람들은 그들이 가
졌던 꿈의 결정체인 것이다.

인생을 가르는 것은 결국 꿈의 차이다.

남편의 죽음과 더 큰 절망

기분에 살고 기분에 죽는다는 말이 있다. 어떤 생각을 주로 하면서 사는지가 참 중요하다는 것을 실감하는 시기가 있었다.

잠들기 전까지 돈, 돈, 돈. 그저 '빚을 어떻게 하면 갚을 수가 있을까?'만을 생각하며 지냈다. 나의 얼굴은 늘 근심으로만 가득했다. 자고 일어나는 순간부터, 일하면서도 잠시도 그 생각을 떨쳐버린 적이 없었다. 그럴 수밖에 없었던 것은 빚 독촉 전화를 수시로 받았기 때문이다. 알지도 못하는 사람들에게 전화를 받았어야 했는데, 전화를 받지 않으면 집으로 찾아온다는 협박이 있었기에 안 받을 수도 없었다.

이 모든 일은 남편이 죽고 난 후에 일어난 일이다. 하루하루 어떻게 시간이 가는지도 모를 만큼 일했다. 매일 돈을 받아야 했기에 고민하다가 용역회사에 접수했다. 가는 곳을 정해주고 전화번호를 알려주면, 통화하며 찾아가고 나서야 무슨 일을 하는지 알 수 있게 된다.

입주 청소를 해야 했던 경우도 있고, 200평이 넘는 독서실을 천장의 몰딩에서부터 시작해서 유리와 바닥 청소를 새벽 2시까지 했을 때도 있었다. 그때는 일의 끝이 보이지가 않았고 '이것이 지옥이다'라는 생각을 했다. 온종일 쪼그리고 앉아서 녹슨 그릇을 닦아야 했고, 넓디넓은 학교 교실마다 바닥에 광을 내기 위해 온종일 약품을 담은 양동이를 들고 얼룩이 지지 않게 칠을 하기도 했다.

하지만 이렇게 힘들게 일을 해도 내가 받는 돈은 만족스럽지가 않았다. 〈벼룩시장〉을 수시로 보면서 다른 일을 찾게 되었다. 꽃 배달을 시작하기로 마음먹고, 자가용을 팔았다. 꽃집에 오래도록 세워져 있던 트럭을 50만 원에 샀다. 그 트럭은 오랜 시간 운행을 하지 않았기에 멀쩡한 구석이 하나도 없었다. 다행히 굴러만 가준다면 하는 단순한 생각에 시운전을 해보고 가져왔다.

꽃 배달 트럭 운전은 남자들의 영역이라고 생각되었는지 달갑지 않아 했던 사람들 때문에 시작부터 일이 순탄하지 않았다. 하지만 사장님의 배려로 무난히 해나갈 수가 있었고, 용역에 맡겨 일했을 때보다는 더 많은 돈을 벌 수가 있었다. 적어도 수수료는 떼이지 않았다.

이렇게 일을 하면서 급한 빚을 갚게 되었고, 그 후로는 날마다 돈이 들어오지 않아도 되었기에 다른 일을 찾을 수 있게 되었다.

그때 아이들은 열두 살과 열 살이었는데, 아빠가 없다는 것을 어떻게 알려야 할지를 고민했다. 아빠가 없으면 아이들이 기가 죽을까 봐 염려했던 나는 "외국으로 돈을 벌기 위해 나가셨다"라고 거짓말을 했다. "엄마! 아빠는?"이라는 말만 나오면 가슴이 덜컹 내려앉았고, 같은 말만 반복하며 애써 피했다.

새 학기가 될 때마다 담임선생님을 찾아가서 부탁을 했다. 우리 아이들은 아빠가 돌아가신 것을 모르니 가정조사용지를 주지 말고, 엄마가 상담 중에 다 해놓고 갔다고 이야기해달라는 부탁이었다.

아이들이 크면서 "아빠는 왜 안 오셔? 왜 아무 연락이 없어?"라는 질문에는 정말 뭐라고 할 말이 없었다. "일이 많은가 봐" 하는 말로 얼버무리며 시간을 보냈다.

막연하게나마 내가 가장이라는 생각을 했는지 아들은 마이스터고를 선택했다. 그 당시 처음으로 생긴 마이스터고는 기술을 향상하기 위한 전문적인 학교였다. 학생들은 기숙사 생활을 하며 급식비를 제외한 모든 비용을 나라에서 지원해줬다. 담임선생님과 상담을 하고 선택한 학교는 집에서 상당히 먼 거리에 있었다. 아직 학교 내에 기숙사가 없었기 때문에 1년간은 리조트에서 숙식하며 단체 버스로 등하교를 했다. 이후 교내에 기숙사가 설립되었고 학교에서 완전한 생활을 하며, 일주일에 한 번씩 집에 다녀갔다.

책을 무척이나 좋아했고, 글쓰기를 좋아했던 아들은 고등학교 입학 전에 글을 써서 어느 인터넷사이트에 올렸다. 그곳에서 아들의 글을 호평하며, 아마추어 작가로 활동할 방법을 알려주었다. 이후 안내받은 사이트에 글을 쓰던 중 완성하지 못한 채 고등학교에 입학했고, 노트북이 허용되지 않았기에 더 이상 글을 쓰지 못하게 된 것이 이내 안타깝고 미안했다.

글은 언제든 쓸 수 있고 경험이 많을수록 더 좋으니까 괜찮다고 오히려 나를 위로해주던 아들의 모습에 나는 눈물을 삼켰다. 부모가 되어서 자식의 꿈조차 지켜주지 못하고 있는 나 자신이 정말 싫었다. 어린 나이에 집을 떠나 생활하는 것도 마음이 아팠지만, 하고 싶은 것을 하지 못하게 만든다는 것이 무엇보다 마음 아팠다.

그때 나는 머릿속이 텅 비어 있었나? 좀 더 현명하게 대처할 방법도 있지 않았을까? 한 가지에 집중하고 있던 나는 다른 생각을 빨리빨리 하지 못했던 것 같다.

어느 날 학교에서 아들이 전화했다. "엄마, 나 급식비 안 냈어?" 식당에 학생증을 찍고 들어가면 빨간 불이 들어온다는 것이었다. "아, 도대체 이게 무슨 소리지?" 하고 놀라서 선생님께 전화했다. 더 자세한 이야기를 듣고 싶었다. 하루 이틀 늦게 낼 때마다 빨간 불이 들어오면 창피해서 밥을 먹지 않았던 눈치였다. 정말 죽고 싶었다. 기숙사 생활을 하며 하루 세 번을 학교에서 식사해야 했기에 정말 아찔했다.

'도대체 뭐야? 너 엄마가 맞아? 아무리 힘들어도 이런 것은 기본이잖아.' 괜한 학교와 선생님을 원망하며 나 자신의 화를 돌려보지만, 도저히 나 자신이 용서가 안 되었다. 이런 모든 상황을 만든 것이 남편이라는 생각에 잊고 있던 원망을 한없이 했고, 눈물로 지새우며 자책을 하고 또 했었다. 이후 두 번 다시 이와 같은 일은 만들지 않겠다고 다짐을 했다.

두 살 터울인 딸도 고등학교를 입학했고 처음에는 좀 힘들어하는 것 같았지만 잘 적응을 하며 별 무리 없이 다녔다. 하지만 옆에서 늘 돈 때문에 허덕이는 내 모습을 봐서인지, 어느 날 아빠에 관해 물었다.
"엄마, 아빠가 살아계신 거 맞아? 이제는 우리도 다 컸으니 이야기해도 괜찮아. 아빠, 돌아가신 거지?"

나는 순간 다리에 힘이 풀렸다. 언젠가는 이야기를 해줘야지 했지만, 막상 이야기를 해주려니까 심장이 떨렸다. 한 부모 가정이라고 이야기하고 학교에서 주는 혜택을 받자고 하며, 자기가 직접 신청을 하겠다는 것이었다. "주는 혜택은 받아야지. 진작 이야기하고 받았으면 좀 덜 힘들었을 것 아니야." '아, 어느새 아이들이 이렇게 컸지?' 그만큼 시간이 흘렀다는 것을 그제야 느낀 것 같다. 아이들이 너무 일찍 철이 들어버렸다. 그것도 마음이 아팠다.

아들 역시 주말에 집에 와서는 "엄마, 같이 산책하자" 하더니 묻는다. 짐작은 하고 있었기에 이야기를 해줘야겠다고 마음먹었다. '아마 동생과 주고받은 내용이 있었겠지' 생각했기 때문이다. 산책하며 이야기를 해주었고 아들도 그렇게 생각은 하고 있었다고 말했다.

어려운 숙제 하나를 끝낸 것 같은 기분이 들었다. 그런데 왜 이렇게 가슴이 시릴까? 억지로 태연한 척하면서 말은 했지만, 심장은 두근거리는 것을 멈추지 않았다.

이것저것 닥치는 대로 일을 하면서 '그나마 내가 일을 하면서 견딜 수 있었던 것은 오로지 우리 아이들 때문'이라고 생각했다.

'비록 남들처럼 마음 편안하게 잘 살 수 있도록 해주지는 못했지만, 너희들을 사랑하는 마음만큼은 누구에게도 뒤지지 않는단다. 엄마의 아들과 딸이 되어주어서 너무나 고맙고 정말 사랑한다.'

아이들에게 미안한 마음은 접어두기로 했다. 대신 내가 성장하고 바뀌어가는 모습을 보여주며, 엄마이기 전에 인생 선배로서 '엄마도 해냈는데, 이정도야…' 하는 마음으로 세상살이에 힘이 될 수 있어야겠다고 생각한다.

늦은 도전이란 없다

서상록 작가의 책, 《내 인생 내가 살지》를 제목에 이끌려 잠시 서점에서 읽어내려간 적이 있다. 그는 삼미그룹의 부회장을 거쳐 수습 웨이터로 일을 하게 되면서 신문에도, 방송에도 등장했던 것으로 기억한다. 삼미그룹이 부도가 나자 사표를 내고 웨이터 구직 신청을 냈는데, 그의 나이 예순 살이 넘어서였다고 한다. 프랑스 식당 '쉔브룬'에서 수습 웨이터로 지내며, 여러 단체나 기업에 강사로 활약을 했다. 그 덕분에 한 네트워크 마케팅 회사에 소속되어 활동하던 나는 그의 강의를 들을 기회가 있었다.

그는 20대 초반의 젊은 아이들을 선배로 깍듯이 모시고 항상 존대했다. 선배 앞으로 지나가는 일도 없었고, 문을 열고 들어갈 때도 선배 먼저 챙겼다고 한다. 자신을 어려워하고 부담을 갖는 선배들에게 장난도 치면서 친근하게 하려는 노력으로 모두가 즐겁게 일을 할 수 있게 되었다고 한다.

부회장이라는 직책을 내려놓고, 한 번도 해보지 않았던 일을 말단으로 들어가 새롭게 처음부터 배워나간다는 것은 대단한 결심과 노력이 뒤따랐을 것이다. 나는 그렇게 할 수 있었던 용기 있는 그의 일화를 가끔 떠올리고는 했다.

다른 강의에서 들었던 이야기다. 부잣집 부인이 남편의 사업이 망하면서 빚 때문에 일선으로 떠밀려 나왔는데, 한 번도 사회생활을 하지 않았던 그녀는 할 수 있는 일이 없었다고 한다. 그래서 다른 집에 다니면서 청소하고 반찬을 해주는 일을 선택했는데, 그런 일을 한다는 것을 창피해하기도 했고 자신의 처지가 한탄스러워 날마다 울상의 표정으로 사람들을 피하려 했다.

일을 마치면 집주인에게 돈을 받고 가야 하는데, 어느 날 남자 집주인이 돈을 주기 전에 방으로 불러 이야기를 했다고 한다. "아주머니, 일하고 그냥 가시면 불만이 있거나 다시 부탁하고 싶을 때는 어디로 연락을 합니까? 그러니 어디를 가든지 일을 마치면 간단한 메모와 연락처를 남겨주시면 좋겠어요"라고 권유했다고 한다.

그런 일이 있고 얼마가 흐른 뒤, 그녀가 다시 찾아와 감사하다면서 그동안의 일들을 이야기해주었다. "말씀해주신 것처럼 연락처를 남기며 일을 했는데 신뢰가 간다며 일을 여기저기서 부탁을 해오는 바람에 본인이 혼자 감당이 되지 않아 다른 사람들을 교육해서 일을 보내게 되었다"라고 한다. 그러다가 점점 많아지는 일로 아예 용역회사를 차리게 되었으며, 이제는 사장님이 되었고 어엿한 사업자가 되었다는 것이다.

이렇듯 성공과 실패는 한 끗 차이다. 자신의 마음이 괴롭다고 그것에만 집중하던 그녀는 그 충고를 제대로 받아들여 시도했고, 그러면서 점점 일하는 데 자부심이 생겼으며, 그 결과는 너무도 큰 것이었다. 생각이 바뀐 그녀 역시 뒤늦은 도전이었지만 인생을 바꾸었다.

남의 일이니까 들으면서 그냥 그런가 보다 생각하고 넘겼던 일들이 막막하게 느껴질 때면 다시금 떠오르고는 했다. 그것은 모두 도전을 했기에 얻어진 값진 결과였다. 도전에는 몇 배의 집중력과 노력이 필요하다는 것을 안다.

서른다섯 살에 태권도를 다시 시작하며 야간대학에 다니게 된 나는 그것을 남편은 모르게 했다. 왜냐하면, 자신의 빚을 갚아주지 않고, "대학갈 돈이 어디 있었냐?"라는 서운한 말로 다툼이 일어날 것을 지레 걱정했기 때문이다.

부천시에서 일하고, 화성시 봉담까지 달려가 야간대학을 다닌다는 것은 그리 쉽지만은 않았다. 온종일 사람들에게 시달리며 녹초가 된 상태에서 다시 시작해야 했다. 하지만 어차피 다니기로 마음먹었으니 제대로 해야겠다고 결심했다. 등록금이 부담스러웠기에 장학금을 받기 위해 노력했다. 결국, 마지막 한 학기를 제외하고 모두 장학금을 받을 수가 있었다.

사회체육학과이다 보니 몸을 움직여야 하는 시간이 많았다. 한참 어린아이들과 견주어야 했기 때문에 상당 부분이 무리였다. 뒤지기는 싫어서 기를 쓰고 했다. 너무 무리한 결과 열흘이 넘도록 목이 부어올라 침조차 삼키지 못하고, 말 한마디가 나오지 않았던 때도 있었다. 운전하며 급하게 김밥을 먹었는데 급체를 해서 수업 시간에 참석을 못 했을 때는 정말 속상했다. 족구를 하다가 발목 부상을 당해 한동안 고생도 했다. 집으로 돌아오는 길에는 졸음운전으로 위험했던 때도 있었고, 함께 일하던 동료들은 가끔 불만을 이야기했다.

우여곡절 속에 간신히 졸업했다. 이후에도 계속 운동을 하며 태권도 관련 자격증을 취득해나갔다. 그렇게 나이 마흔 살을 바라보는 나이에 겨루기 심판이 되어 시작했다. 그때 심판들은 대부분 체육관을 운영하고 있었다. 나는 태권도 관련된 일은 하지 않고 있었기에 기가 죽어 있었다. 모든 것이 아직 어색한 분위기여서 정착할 수 있을까를 걱정하며 보냈던 시간이었다.

부족함을 알기에 다른 심판들을 보며 배우기에 바빴고, 긴장되어 밥을 먹을 수가 없었다. 겨루기 심판 자격증만 취득하면 다 되는 것으로 생각했는데, 막상 실전에 들어가 보니 모든 것을 다시 배워야 하는 배움의 시작이었다. 가끔은 선수들의 발차기에 맞아서 부상을 입는 경우도 있었다. 처음에는 긴장이 되어 아픈지도 모르다가 끝나고 나면 며칠을 고생하기도 했다. 어렵게 심판 생활을 하며 배워나가다 보니 전국 생활체육 심판분과 부위원장으로도 수년간 활동할 수 있게 되었다.

뒤늦게 심판이 되어 십 년을 훌쩍 넘기면서 경태협의 이사가 되었다. 내로라하는 선배들도 많고 자격이 충분하지 않다고 생각했던 나는 남의 옷을 입은 듯 이 자리가 많이 불편했었다. 하지만 이것도 나에게 주어진 일이라 여기고 감사한 마음으로 최선을 다하고 있다. 모르면 배우면 되고, 배우면 못할 것이 없다고 여기기에 묵묵히 이 자리에서 해야 할 일을 해나가고 있다.

너무나 감사한 것은 지금의 자리에 있으면서 해외의 실상들을 파악할 수 있게 되었다는 것이다. 회장님의 계획과 이야기를 들으면서 어떻게 방향을 잡고 발전을 시켜 나아가야 하는가를 알 수 있게 되었다. 태권도를 바라보는 나의 시야가 좀 더 넓어졌다.

코로나19로 인해 많은 어려움이 있었지만, 그런 상황에서도 주춤하지 않고 계속해서 이어갈 방안을 모색해 나갔다. 모든 심사는 규모를 줄이며 영상으로 할 방법을 찾았고, 결국 영상으로 심사가 가능한 품새를 하면서 겨루기에 가려져 크게 시합이 많지 않았던 품새를 좀 더 키울 수 있는 계기가 되기도 했다.

끊임없이 발전을 모색해 나가던 회장님은 언제나 그 자리에 머물러 있지 않으신다. 남들이 생각도 하지 못하는 일들을 구상하고 계획해서 결국은 만들어 내셨다. 이런 모습을 가까이에서 지켜보면서 새로운 꿈을 만들고 도전하는 데 두려움이 없어졌다.

이제 또 새롭게 도전을 한다. 지난 시간을 생각하면 잘못으로 인해 부끄러운 순간도 있고, 어느 부분에서는 잘했다 싶기도 하다. 그런 시간이 모여서 진정으로 되고 싶은 나의 모습이 있다.

무용을 배울 때 선생님의 동작을 보면서는 따라 하지 못하다가도 비슷한 실력의 친구가 같은 동작을 해내면 금방 따라 할 수 있었던 것이 기억난다. 실력 차이가 너무 많이 나는 사람한테 배울 때보다 나보다 조금 더 잘하거나 비슷한 수준의 친구에게서 배울 때가 더 빠르게 이해되었던 것을 경험했었다.

마찬가지로 나보다 월등하게 잘난 사람들의 말은 "저 사람이니까 가능하지, 유명한 사람인데⋯." 나와는 무관한 이야기로 들리고, 나는 할 수 없는 것으로 여겨서 따라 해볼 생각조차 하지 않게 된다.

내가 다른 사람들의 삶을 보면서 위로가 되고 힘을 얻었듯이, 나의 이야기가 다른 누군가에게도 위로가 되고 힘이 될 수 있지 않을까 생각한다. 나만 좌충우돌하며 흔들리는 삶을 사는 것일까? 세상에는 뛰어나고 잘난 사람들이 너무 많다. 그리고 그들의 목소리를 당연히 들어야 한다고 인식을 해서 자신이 주인공임을 잊고 산다. 하지만 자신이 이 세상의 주인공이라는 것을 잊지 않기를 바라는 마음이다.

변화를 두려워하지만, 변화를 원한다. 지금과는 다른 생각을 하고 다른 행동을 해야만 변화가 일어난다. 변화에는 항상 뒤따르는 것이 도전이다. 늦은 도전이란 없다. 변화는 언제든 가능한 것이기 때문이다.

기회는 우연처럼 찾아온다

다섯 살 때였던 것 같다. 동네 목욕탕을 엄마와 갔다. 목욕탕은 따끈한 물을 담아 놓은 탕이 있었고, 탕 안에는 걸터앉을 수 있도록 가장자리에 턱이 있었다. 여느 때는 엄마가 나를 안고 같이 앉아 있었는데, 그날은 엄마가 탕 안에 가만히 앉아 있으라고 하시고는 씻는 데 필요한 것을 준비하셨다.

탕 안에는 가운데 큰 기둥이 있었다. 가만히 앉아 있다가 갑자기 그 기둥으로 가고 싶다는 생각을 했다. 일어나서 한 발을 내딛는 순간 나는 몸의 중심을 잃고 탕 속에서 허우적거리기 시작했다. 탕 안의 물을 정신없이 먹으며 몇 차례 물속으로 들어갔다 나오기를 반복했다. 다행히 앞에서 나를 발견한 아주머니가 나를 안아 자리에 앉혀주셨다.

물에 빠져 숨을 쉴 수 없었던 순간의 공포는 어린 나이에도 느끼기에 충분했다. 이후 커서도 탕에 들어가는 일은 없었다. 그리고 그것이 수영을 배우지 못하는 이유가 되었다.

초등학교 다닐 때 걸스카우트 단원이었던 나는 5학년 언니로서 4학년 동생들을 이끌고 바닷가에서 시간을 보냈던 적이 있다. 어쩌다 보니 물속에 들어가게 되었고, 언니라는 책임감 때문인지 나도 모르게 물에서 허우적거리는 동생을 이끌고 밖으로 나오게 되었다. 이후로 선생님께서는 가능성을 보셨는지 계속 수영선수가 될 것을 권유했다. 하지만 난 할 수 없다고 거절했다.

기계체조도 거절했다. 기계체조 선수들은 운동장에서 매트를 깔고 훈련을 했는데, 오가며 지켜보게 된 나는 늘 집에서 혼자 했던 놀이였기에 쉽게 느껴졌다. 서 있는 상태에서 몸을 뒤로 제쳐서 바닥에 손을 짚는 일이나, 서서 다리를 일자로 들어올리는 등 그런 것은 내게는 너무나 쉬운 동작들이었다. 연습하는 과정을 보다가 옆에서 무심코 따라 하게 되었는데 선생님이 보시고는 함께하자고 하셨다. 그러나 나는 도망치듯 그 자리를 피했다. 왠지 내키지 않았기 때문이다.

지난 시간을 돌이켜 보면 내게는 여러 차례 기회들이 있었다. 그 모든 기회는 내가 생활하고 있는 일상에서 찾아 왔다. 이렇게 찾아왔던 기회들을 대수롭지 않게 여기고 대체로 그냥 다 흘려버렸다.

이화여자대학교에 시험을 봤다가 떨어져서 홧김에 머리카락을 혼자 자르고, 무엇을 할까 고민을 할 때, 나를 가르쳤던 선생님이 수원에 있는 대학교를 추천해주셨다. 새롭게 무용과가 생겨서 좋은 기회가 될 것이라고 했다. 그리고 그 교수님에 관한 이야기도 해주었다. 그래서 나는 작품을 만들기 위해 음악 선정을 하고, 무용복을 직접 디자인하며 작품을 만들어 시험을 봤다. 다행히 장학생으로 합격할 수 있었다.

하지만 나의 전공은 현대무용이었으나 발레와 한국무용 교수님만 계셨고, 현대무용은 배울 수가 없었다. 오히려 외부에서 내가 배운 것을 아이들에게 가르쳐 보라고 하셨다. 지하철을 타고 내려서 다시 셔틀버스를 타고 학교에 도착하면 꼬박 2시간 30분이 걸렸다. 모든 상황이 싫었던 나는 아버지가 돌아가신 것을 핑계로 학교를 그만두려고 했고, 교수님은 조교 운운하며 만류를 했었다. 그리고 언니들과 오빠의 강한 반대에도 나는 그만두기로 했다.

결국, 자퇴를 하고 시간을 보내다가 다음 해에 다시 준비해서 서울에 있는 예술전문대학교에 합격했다. 발표회까지 시간이 촉박하다고 해서 입학도 하기 전에 합격자들을 불러 연습을 시켰는데, 한참 연습을 하러 다니던 중 이화여자대학교에 다니고 있던 작은언니의 "등록금이 아깝다"라는 말 한마디로 입학금도 내지 않고 포기를 했다. 너무나도 하고 싶었던 무용을 하게 되었는데도 나는 머릿속에 다른 계산기를 두고 있었던 모양이다. 지금 가장 후회스러운 것은 그때 해보지도 않고 그만둔 것이다.

결혼하고 생활고에 시달리면서 두 번 다시 내게 기회는 오지 않을 것으로 생각했다. 하지만 기회는 그 이후에도 끊임없이 내게 다가왔다. 달라진 것은 철없을 때는 기회라고 생각하지 못했지만, 아이들을 유치원에 보내면서 다시 태권도를 할 수 있게 되었을 때는 막연하게나마 이것이 기회라는 것을 알았다. 그리고 그때 다시 만난 태권도는 내 인생의 전환점이 될 기회가 되어주었다.

시간이 지나 돌이켜 봤을 때 모든 기회는 어디서 그냥 온 것이 아니었다. 비록 내가 잡지는 않았지만, 그 모든 기회는 나로 인해 만들어졌다. 나에게 그것을 할 수 있는 준비가 되어 있었기에 그런 기회들이 있었다. 지금도 마찬가지고, 앞으로도 내게 오는 모든 기회는 결국 나에 의해 만들어진다는 것을 그동안의 경험으로 알 수 있다.

우리 아이들이 어렸을 때, 나는 무엇을 해주어야 할지 전혀 알 수가 없었다. 다섯 살이 된 아들과 세 살이 된 딸에게 무엇이 필요한지 알 수 없을 때 몬테소리 교재를 판매하는 분이 우리 집을 두드리게 되었고, 나는 그녀를 통해 창작동화 전집을 샀다.

책을 읽어줄 때, 3단계로 읽어주는 것이 좋다고 설명해주었다. 처음에는 그림만 보며 상상할 수 있도록 이야기를 해주고, 다음에는 그림을 보며 책의 내용을 가볍게 이야기해주고, 세 번째 읽어줄 때는 글씨를 짚어가며 읽어주라고 알려주었다. 그리고 아이들이 자라면서 필요한 시기에 필요한 내용으로 교육해야 함을 설명해주었는데 구체적으로 알 수 있게 설명해주는 그녀가 고마웠다. 자기와 함께 일을 하게 되면 이런 내용을 알 수 있다는 말에 망설임 없이 따라나섰다.

생활비가 필요했고, 아이들에게 필요한 것을 준비하면서 돈을 벌 수 있어서 다행이라고 생각했다. 하지만 막상 영업하다 보니 우리 아이들과 놀아줄 수 있는 시간이 점차 줄어들었고, 다른 집 아이들과 놀아주면서 영업해야 했던 나는 우리 아이들에게 죄책감이 들었다. 미안한 마음에 매일 밤 책을 여러 권 읽어주고 옛날이야기를 해주는 것이 내가 해주었던 것에 전부였다.

그런 이유에서인지 아들은 책을 무척 좋아한다. 어느 날 책 한 권을 주면서 "엄마, 이 책 한번 읽어보고 책 쓰기를 해보면 좋겠다" 하는 것이었다. 나는 아들의 말을 늘 귀담아듣는 편이다. 그것은 아들의 판단과 관찰력을 믿기 때문이다. 하지만 그때는 무슨 책을 쓰냐며 말도 안 된다고 여겼다. 그러다 어느 날 유튜브를 보는데 '성공해서 책을 쓰는 것이 아니라, 책을 써야 성공한다'라는 내용의 영상을 보게 되었다. 아들이 건네준 책을 그제야 다시 보게 되었고 마음에 작은 동요가 일기 시작했다.

어느덧 살아온 날보다 살아갈 날이 짧아짐을 느낀다. '이대로 살다가 죽음을 맞이한다면 후회 없다고 할 수 있을까?'를 생각하게 되는 시간이 많아졌다. 작게라도 누군가에게 도움이 될 수 있다면 좋겠다는 생각을 했다. 그리고 나의 남은 삶을 위해 변화를 꿈꾸었다. 그래서 결심을 했다.

나에게 새로운 기회가 올 수 있도록 준비를 하자. 내가 그 길로 가고 있으면 그 길과 연관된 기회가 찾아온다는 것을 그동안의 경험으로 알고 있다. 그래서 유튜브 영상을 통해 알게 된 '한국책쓰기강사양성협회(한책협)'를 찾아가서 강의를 들었다.

내 앞에 스쳐 지나간 모든 순간은 내 생각과 나의 판단으로 만들어졌던 것임을 알고 있는 지금, 나는 내가 원하는 길로 나를 인도하려고 준비하는 중이다.

모든 기회는 쉽게 알아볼 수 있도록 대단하게 단장을 하고 찾아오지는 않는다. 그저 생활 속에서 포장되지 않은 채 우연처럼 찾아온다. 그런 기회를 알아보기 위해서는 내가 가고 있는 그 길에서 준비하고 있을 때 보이게 되며 잡을 수 있게 된다.

기회는 누구에게나 찾아올 수 있지만, 누구나 잡을 수 있는 것은 아니다.

한 발만 더 내디뎌 보자

살면서 앞이 캄캄하게 느껴졌던 때가 있다. 어둡고 긴 터널 입구에 서서 아무것도 보이지 않고 어찌해야 할지 막막함에 극단적인 생각만이 나를 자꾸 지배하려고 했다.

작은언니가 꽃다운 나이에 먼저 세상을 떠나고, 엄마는 얼마 동안 물 한 모금을 마시지 않았다. 작은언니를 따라 죽을 생각인 것처럼 넋을 놓고 눈물 없는 눈에는 초점이 없었다. 그때 나는 엄마에게 말했다. "작은언니만 자식이고 난 자식이 아니지? 난 어떻게 하라고. 그럼 나도 따라 죽을 거야." 엄마는 나의 말에 놀라는 기색이셨다. 이후 예전처럼 엄마는 식사했지만 마지못해 먹는다는 느낌이었다. 간신히 하루 한 끼…. 그런 엄마를 보면서 나는 너무 속이 상해서 많이 울었다. 그 어떤 것도 엄마를 웃게 하지 못했다.

몇 년이 지나도 그때의 자식을 잃은 엄마의 모습은 기억에서 지워지지 않는다. 큰언니가 결혼해서 아들 둘을 낳았다. 큰언니가 오면 잠시 아이들 때문에 웃으셨다. 큰언니가 가고 나면 엄마는 자신도 모르게 다시 슬픔에 잠기고는 했다.

내가 죽음을 생각하며 눈물로 한 달을 보내며 가장 많이 떠올랐던 것은 그때의 엄마 모습이었다. '만약에 내가 죽으면 우리 엄마는?' 너무 끔찍했다. 자식으로서 할 짓이 아니었다. 그러나 어느 순간 난 또 생각하고 있다. 그런 나를 발견할 때마다 나 스스로가 놀라고는 했다.

"실명이 될 겁니다. 망막에는 시신경이 연결되어 있는데 망막에 구멍이 났어요." 망막에서 시신경이 일부 분리가 되었고, 구멍으로 물이 들어와 검은 그림자가 생긴 것이며, 시간이 지나면서 그 물의 양이 많아지고 썩기 때문에 눈알을 빼고 인공 눈알을 넣어야 한다는 것이었다. 그리고 시신경은 다른 쪽의 눈과 연결이 되어 있기 때문에 시신경의 죽어가는 속도에 따라 양쪽이 다 실명이 된다는 결론이었다.

그때 알았다. 빚은 하나도 중요하지 않다는 것을. 세상이 무너질 것처럼 크게만 느껴졌던 빚이 정말 아무것도 아니라는 생각이 들었다. 그 모든 것은 건강하기만 하면 해결할 수 있는 일이었다는 것을 깨달았다.

하지만 나의 눈은 생각보다 빠른 속도로 진행되었고 나는 점차 두려워졌다. 실내에서는 한쪽 눈으로만 생활해야 했다.

다른 병원들을 더 찾아다녔고 같은 이야기를 들으면서 절망만 더해갔다. 그 모든 것이 남편 때문이라고 생각했고, 남편에 대한 원망이 점차 더 커졌다. 실명이 되어가고 있는 나의 상황들을 보면서도 믿으려고 하지 않는 남편이 너무 야속했다.

엄마를 생각하며 살아야겠다는 결정을 내리고 무엇을 하며 살아야 할지를 생각했다. 그때 운전면허를 취득하기 위해 교육을 받던 중이었다. 실명이 될 때 되더라도 아직은 아니니까 할 수 있는 만큼은 해야겠다고 생각했다. 그리고 중고차를 샀다. 아이들에게 필요한 것을 제대로 해주고 싶었던 나는 책 영업을 하고 있었기에 좀 더 활동 범위를 넓혀서 적극적으로 해야겠다는 결심을 했다.

그렇게 생활을 하던 어느 날 함께 영업하던 선배가 "우리 같이 돈 좀 벌어보지 않을래?" 하며 이야기를 했다. 처음으로 네트워크 마케팅을 알게 되는 순간이었다. 새로운 마케팅이 잘 이해되지 않았지만, 흥미를 느끼게 되었다.

어느 날, 제품에 대한 설명을 들었는데 혹시나 하는 마음으로 먹기 시작했다. 결과는 나의 가장 큰 근심이었던 눈의 건강이 빠르게 좋아진 것이다. 당연히 나는 많은 사람에게 홍보하며 열심히 팔았다. 마케팅을 정확하게 이해하지 못한 상태였고, 이끌어주는 사람 없이 혼자서 중구난방으로 뛰며 열심히 팔았다. 점차 많은 사람이 호응을 해주며 함께하는 식구들이 늘어갔다. 그리고 남편에게 미안했지만, 야간대학을 다니며 일을 할 수 있다는 것이 버겁고 힘들었어도 나름대로 즐거움이 있었다.

매주 관광버스를 빌려 함께하는 식구들을 태우고, 원주에 있는 연수원의 세미나에 참석했으며, 매주 토요일에는 사무실에서 강의도 하게 되었다. 식구들이 늘면서 당연히 수익도 늘었지만 나가는 돈이 더 많았다. 매주 세미나 참석을 위해 대여했던 관광버스비만 해도 한 달에 120만 원이 넘었고, 다른 팀이 운영하는 사무실에서 사업을 했기에 사무실 운영비로 냈어야 하는 금액도 무시할 수 없었다. 시간을 쪼개며 바쁘게 사는 힘든 시간을 보내고 간신히 대학도 졸업할 수 있었다.

그러나 먹구름이 또다시 다가오고 있음을 몰랐다. 남편의 죽음이다. 너무 많은 것이 혼란스러웠다. 갑작스러운 빚쟁이들의 재촉으로 도저히 일을 그대로 진행을 할 수 없게 되면서 난 또 막다른 골목에 서서 방황해야 했다. 어떻게 해야 할지를 생각하며 당장 할 수 있는 것이 무엇인지를 생각했다. 하나씩 나열을 하면서 일의 순서를 정하기 시작했다. 이후 수많은 일을 해야 했고 수많은 경험을 했다. 그중 나는 태권도를 할 수 있는 기반을 만들었다는 것과 나의 건강을 찾아서 아이들을 보살필 힘이 있다는 것에 늘 감사했다.

앞날이 캄캄했던 그 시기 나는 내가 할 수 있는 작은 일부터 찾아서 다시 시작했다. 언젠가부터는 어둡고 긴 터널 입구가 아닌, 터널 안에서 빛을 향해 걸어 나아가는 느낌이었다. 그때 모든 것을 포기하지 않았던 나 자신에게 고맙다.

심판 생활을 하면서 계획을 세웠다. 체육관을 하지 않고 있던 나는 항상 뒤처지고 있다는 생각을 하고 있었다. 그래서 2014년 9월에 있을 6단 심사를 보기 위한 준비를 하면서, 다음 해 2월에 있을 품새 심판 자격취득과정과 4월에 있을 심사평가위원 자격취득과정을 계획했다.

6단부터는 고단자에 들어가기 때문에 조건들이 좀 더 까다롭다.

그때마다 정해주는 주제를 A4 용지 10매 이상의 분량으로 논술을 써서 내야 하고, 기본 발차기, 품새, 겨루기, 손날 격파와 발차기 격파를 통과해야 한다. 그중 하나라도 떨어지면 3개월 이내에 떨어진 종목만 재심사를 볼 수 있지만, 3개월이 지나면 처음부터 모든 걸 다시 준비해야 한다.

틈틈이 일하면서 밤마다 연습하며 어렵게 준비를 했다. 심사 당일 최고의 컨디션으로 참가했다. 2시간 준비운동을 하면서 시작이 된 심사는 8단과 9단의 심사 이후 기본 발차기로 시작을 했다. 품새가 끝나고 겨루기를 하던 중 딱 소리와 함께 나는 주저앉았다. 그 소리가 나의 무릎에서 난 소리였다는 것을 뒤늦게 알게 되었다. 다리가 무릎을 중심으로 분리가 된 듯 꺾였고 지탱할 수 없었다. 마지막 손날 격파를 하고 발차기 격파만을 남겨두고 고민을 했다. '상처입은 다리로 격파를 해야 하는 상황인데, 여기서 포기할까? 지금 포기하면 3개월 뒤에 격파만 재심사를 볼 수 있을까?'

하지만 다리가 위아래가 분리된 것처럼 꺾이는 것을 봤을 때 3개월 안에 회복이 될 수 없을 것 같았다. 그렇게 되면 처음부터 모든 걸 다시 준비해야 하고, 나의 계획도 모두 다시 세워야 했다. 그리고 준비하는 과정이 너무 힘들었기 때문에 생각만 해도 끔찍했다.

결국, 눈 딱 감고 한 번에 끝내자 싶어 상처 입은 다리로 격파를 시도했다. 그런데 아쉽게도 3장 중 2장만이 깨져서 재시도해야 했다. '마지막이다. 하자' 하며 재시도했고 그 뒤 잠시 기억이 없다.

얼마 뒤 사람들에게 이끌려 앞 단상으로 가서 앉혀졌고 함께 내차로 갔던 다른 사범님이 끝날 때까지 창피함도 모른 채 계속 울었다. 정말 열심히 준비했는데 내 실력을 다 보이지도 못하고 허무하게 끝난 것이 너무나 속이 상했다. 그때까지만 해도 상처 입은 다리의 심각성을 모르고 있었다. 같이 움직였던 사범님이 운전하고 병원으로 갔지만, 토요일이라서 간단한 깁스만으로 월요일까지 기다려야 했다.

5시간에 걸쳐 수술하고 나왔는데 의사 선생님이 "도대체 무엇을 했길래 이렇게 다리를 많이 다쳤습니까?" 하고 물었다. 단지 십자인대만 끊어진 경우는 흔하게 있고 수술도 빨리 끝나는데, 연골이다 찢겨 형태가 없어져서 연골을 찾아 꿰매고 십자인대 수술을 했다고 한다.

회복되어도 걷는 데 통증이 있을 것이고 연골은 인공으로 재수술해야 할 것 같다고 했다. 심한 운동은 하지 말고 태권도처럼 과격한 운동은 절대 하지 말라고 했다. 나의 계획이 있는 상태에서 의사의 말은 들리지 않았다. 집에서 운동할 수 있는 자전거를 사서 천천히 무릎을 단련시켰고, 나의 계획대로 다음 해 2월 품새 심판 자격증과 4월 심사평가위원 자격증을 모두 취득했다.

더 이상 아무것도 할 수 없을 것 같을 때, 당장 할 수 있는 것부터 하나씩 해보자. 그렇게 한 발만 더 내디뎌 보면, 새로운 길이 보이고 발전한 자신의 모습을 만날 수 있게 된다. 전설의 세일즈맨, 윌리엄 클레멘트 스톤(William Clement Stone)은 이렇게 말했다.

"성공의 정수를 추구하라, 당신은 더 성공적인 사람이 될 것이다. 성취의 정수를 추구하라, 당신은 더 많이 성취하게 될 것이다."

놓고 싶지 않았던 나의 꿈

태권도나 무용을 할 때는 내가 가는 방향으로 먼저 시선을 돌린다. 그렇게 해야 균형을 잡을 수 있기 때문이다. 몇 바퀴를 돌아도 균형을 잡을 수 있는 이유는 한 곳에 시선을 두기 때문이다. 균형을 잡는 것은 모든 것의 기본이다.

내가 고등학교에 다닐 때, 우리 구멍가게에 오셨던 분 중에 젊고 예쁜 아기 엄마가 있었다. 나와 몇 살 차이가 나지 않을 만큼 어려보였다. 비슷한 또래로 보였기에 유난히 관심이 갔다. 그리고 늘 우리 집 앞에 아기를 데리고 왔다 갔다 했다. 쉬는 날이면 거의 온종일을 볼 수 있었던 것 같다.

그때만 해도 나는 무용가의 꿈을 키워가고 있었기에 그 아기엄마를 보면서 난 저렇게는 살지 않을 것으로 생각했었다. 아무것도 하지 않고 그저 왔다 갔다 하는 것으로만 보였기 때문이다. 참 건방진 생각이었던 것 같다. 그때 그녀는 세상에서 가장 소중하고 사랑스러운 아기와 자신이 할 수 있는 최대의 사랑을 나누고 있었음을 생각하지 못했다.

그녀는 행복한 결혼생활을 누리며, 사랑스러운 자식을 바라보고 있었을 것이다. 그 안에서 행복을 만들고 있었을 텐데 나의 잣대로만 생각하며, 판단했다. 생각해보면 아름다운 삶인데 말이다.

어느 날 아들이 퇴근하고 오늘은 함께 나가서 고기를 먹자고 했다. 그동안 아이들과 외식하는 일은 정말 드물었다. 그래서 흔쾌히 나가서 먹자고 했다. 아들은 고기를 구워주면서 이야기하길, "올바른 아버지상을 모른다. 밖에서 일하면서 어른들을 보며 생각을 한다"라고 했다.

집에서 가정교육으로 배웠어야 했던 것들을 그들을 통해서 배우게 되는 것도 있다고 했다. 아들의 말을 들으며 생각을 했다. 나는 부족할 것 없이 부모님의 사랑을 받으며 자랐지만, 우리 아이들에게는 아빠가 없었고 전전긍긍하는 엄마의 모습만 보여주었고, 그 안에서 느끼는 것이 전부였다는 것을 미처 생각하지 못했다.

나는 착각하며 살았다. 내가 받았던 부모님의 사랑은 정말 따뜻했고, 내가 느낄 수 있었던 그런 느낌들을 당연하게 우리 아이들도 알 수 있는 것으로 생각했던 것 같다. 하지만 우리 아이들은 분명 결핍을 느끼고 있었으며 난 그것을 인지하지 못하고 있었다. 좋았던 기억보다 힘들고 막연함만을 아이들에게 심어주었는데 말이다.

가장 소중한 아이들을 위해서 살았다고 생각한 것도 착각이었다. 나는 나를 위해서 살았다. 내가 받았던 부모님의 사랑과 부모님이 나에게 알 수 있게 해주셨던 풍요를 나는 우리 아이들에게 주지 못했다. 성공하겠다고 도전을 하며 보낸 시간 속에 오히려 아이들을 더 힘들게 했던 때도 있었다. 경제적인 여유만이 나의 성공이라고 생각을 해서 아이들에게 소홀해 가며 지낸 시간은 나를 위한 핑계였을 뿐이었다.

진정으로 우리 아이들에게 필요했던 것은 엄마의 관심과 손길이었는데, 나는 일을 핑계로 모든 것을 미루어버렸다. 오히려 아이들의 위로가 되는 말과 행동으로 내가 보살핌을 받고 있었던 것이다.

어느새 아이들은 커버렸고 아이들의 마음에는 채워지지 못한 빈 곳이 있었음을 뒤늦게 깨달았다. 그 빈 곳을 어떻게 무엇으로 채울 수가 있을까?

아들은 책을 통해 얻으려 했고, 딸은 자신의 친구들에게서 얻으려 했던 것 같다. 부모로서 채워주었어야 할 공간이었는데, 그동안 채워주지 못했던 그 쓸쓸한 빈 곳을 나는 더 늦기 전에 조금이라도 채워주어야겠다는 생각을 한다.

밖에서 찾았던 나의 성공은 바로 내 안에 있었음을 뒤늦게 알게 되면서, 나를 키우는 데 집중을 하다 보니 그동안 보이지 않았던 것들이 눈에 보이게 되었다. 이제는 어떻게 해야 내가 원하는 삶을 살 수 있는지 알 수 있을 것 같다.

그동안 살면서 내가 살아온 모습을 돌아보며 나를 생각해봤다. 당장 눈앞만 보며 살기가 급급했었고, 그 눈앞도 봐야 할 것을 제대로 보지 못하며 살았다. 남들의 말과 행동으로 나를 지우고 쫓아가는 모습이 보였다. 너무 많은 생각이 나의 발목을 잡아 행동을 못했던 모습도 보인다. 돈으로 눈을 가려 빚을 갚아야 한다는 생각만으로 더 큰 빚이 생기고 있음을 몰랐다. 넘쳐나는 정보들 속에서 옳고 그른 것을 판단하지 못하고, 그 속에서 허우적거리며 시간을 보내고 있는 모습도 보였다. 주관적인 내 생각보다는 내가 속해 있는 집

단 안에서의 교육으로 들은 것만이 전부인 양 눈과 귀를 막고 나의 것만을 주장하면서 답이 없는 시간을 보냈던 모습도 보였다.

이런 모든 모습을 보며 모든 원인이 내게 있으며 누구도 원망해서는 안 된다는 것을 깨달았다. 나의 모든 상황을 남편이 만들었다고 여겨서 남편을 미워하며 원망하는 마음으로 살았던 것들이 정말로 어리석게 느껴졌다.

이런 모습들에서 어떻게 성공할 수 있는 모습을 찾을 수가 있겠는가 싶다. 그러니 당연히 성공과는 거리가 멀어질 수밖에 없는 삶을 살았다. 계속된 헛발질로 지치면서 끝까지 남 탓을 하는 못된 습성까지 만들었다.

정말 어이가 없는 나의 모습이다. 우리 아이들의 마음에 채워지지 않았던 그 빈 곳을 채워주려면 이런 나의 모습들을 던져 버려야 한다. 그리고 올바른 나의 모습을 찾아 내가 원하는 삶으로 나를 이끌어주고, 내가 그런 삶을 살 수 있어야 아이들도 자신이 진정으로 원하는 삶을 살아갈 수 있게 될 것이다. 그리고 그런 가운데 그 빈 곳이 조금이나마 채워질 것이라고 생각한다. 그래서 진지하게 나를 보며, 내가 원하는 삶을 생각해봤다.

나 자신의 성장을 위한 크고 작은 목표를 가지고, 그 목표를 이뤄

가는 삶을 떠올렸다. 잔잔한 긴장을 하며 작더라도 나의 목표가 있어서 그것을 해내면 그 안에서의 성취감으로 행복을 느낄 수 있는 삶을 그린다. 나 자신을 놓고 봤을 때 어제보다는 오늘이 한 걸음 더 성장했다고 느낄 수 있고, 그 모든 것에 감사할 줄 알며, 내게 있는 작은 것이라도 다른 이에게도 나눌 수 있는 삶을 생각해본다.

내 인생의 주인공이 되어 주도적으로 나의 삶을 살아가며, 마음의 풍요와 여유로움으로 주변을 살필 줄 아는 성숙한 삶을 원한다. 그리고 내가 놓치고 싶지 않았던 꿈은 우리 아이들에게 빼앗았던 꿈을 돌려주는 것이다.

아이들에게 가장 큰 영향을 주고 있는 것이 내 생각과 행동이었기에, 그 생각과 행동을 '어떻게 하면 꿈을 돌려줄 수 있을까?'를 고민했다. 내가 지금 글을 쓰는 것이 그 첫 번째 이유다. 아들의 권유가 있었을 때 말도 안 된다고 생각했지만, 깊게 생각을 해보니 안 될 것 같은 내가 해내는 것이 더 큰 동기 부여가 될 거라고 생각한다. 글쓰기는 아들의 마음에 항상 남겨진 갈증 같은 꿈이기에 그 꿈이 빨리 이뤄지기를 바라는 마음이다.

딸도 일찍이 하고자 하는 꿈을 접고 돈을 벌기 위해 보낸 시간이 벌써 8년이나 되어 간다. 안쓰럽고 안타까우면서도 바라만 봤다.

가족을 생각하며 자신의 앞가림을 해왔던 딸에게도 자신만의 길을 갈 수 있도록 해주는 것이다.

꿈이 없는 것은 목표지점 없이 운전대를 잡은 것과 같다. 내가 가는 방향을 보아야 균형을 잡을 수 있듯, 꿈은 인생의 나침반이며 인생에 있어 주춧돌과도 같다.

"꿈은 나를 몰입시키고, 다른 사람을 감동하게 한다"라는 세계적인 비즈니스 컨설턴트 브라이언 트레이시(Brian Tracy)의 말에 깊이 공감한다.

2장

남의 성공보다
나 자신에게 눈을 돌려라

BE
Happy

가장 우선해야 할 일은
자기 자신을 아는 일이다

나는 운전해야 할 때가 많다. 가끔 함께 일하던 분의 말이 생각난다. "앞으로 잘 가려면 앞도 봐야 하지만 옆도 보고 뒤도 봐야 한다. 그래야 사고 없이 잘 갈 수가 있다"라는 말과 "내비게이션에 나의 목적지를 입력하려면, 출발지점이 정확해야 제대로 안내를 받을 수 있다"라는 말이다.

이 말들을 내 방식대로 해석하며, 참 맞는 말이라고 생각했다.
앞에 나의 목적지가 어디인지를 보고, 옆에 먼저 그 길에서 성공한 사람들의 조언을 들으며, 뒤에 과거의 나의 경험 속에 만들어진 좋은 습관은 이어가고 나쁜 것은 반성하고 고쳐나가야 성공을 할 수 있다.

인생 내비게이션은 지금의 나의 현 위치를 파악해야 목적지까지 빠른 지름길로 안내받을 수 있다. 영어를 배우려면 나의 수준이 초급인지, 중급인지, 고급인지가 파악이 되어야 나의 수준에 맞게 진도가 나갈 수 있는 것처럼 먼저 자신을 알아야 한다.

내가 원하는 것이 무엇인가? 내가 가고자 하는 일이 지금 하는 일과 연관되어 있는가? 당장 할 수 있는 일인가? 무엇을 먼저 해야 하는가? 준비가 되어 있는가? 얼마간의 시간을 투자할 수 있는가? 어느 정도의 시간이면 준비가 되고, 돈이 든다면 얼마나 들 것인가? 내가 가고자 하는 그 길에 대해서 어느 정도 알고 있는가?

타자와 투수 두 가지를 한 번에 소화해내는 야구천재라고 불리는 일본인 선수 오타니 쇼헤이(大谷翔平)는 미국 메이저 리그 선수가 되기까지 한 번에 슈퍼스타가 된 것이 아니었다. 그는 자신에 대해서 정확하게 파악을 하고 끊임없는 계획과 노력으로 자신을 만들어간 사람이다. 그의 만다라트 계획표가 공개되었는데, 그 계획표를 항상 지니고 다니면서 늘 상기시켰다고 한다.

그가 얼마나 노력을 했는지를 알 수 있는 그의 만다라트 계획표는 모두가 알고 있을 정도로 유명해졌으며, 많은 사람이 따라 하게 되었다.

그 계획표는 가장 중심부에 최종목표를 적고 사방으로 최종목표를 이루려는 방법들을 적었으며 그 방법들을 둘러싸고 있는 빈칸에는 방법을 이루기 위한 더 세부적인 방법들로 채웠다.

몸관리	영양제 먹기	FSQ 90kg	인스텝 개선	몸통 강화	축 흔들지 않기	각도를 만든다	위에서부터 공을 던진다	손목 강화
유연성	몸 만들기	RSQ 130kg	릴리즈 포인트 안정	제구	불안정 없애기	힘 모으기	구위	하반신 주도
스테미너	가동역	식사 저녁7술갈 아침3술갈	하체 강화	몸을 열지 않기	멘탈을 컨트롤	볼을 앞에서 릴리즈	회전수 증가	가동력
뚜렷한 목표·목적	일희일비 하지 않기	머리는 차갑게 심장은 뜨겁게	몸 만들기	제구	구위	축을 돌리기	하체 강화	체중 증가
핀치에 강하게	멘탈	분위기에 휩쓸리지 않기	멘탈	8구단 드래프트 1순위	스피드 160km/h	몸통 강화	스피드 160km/h	어깨주변 강화
마음의 파도를 안만들기	승리에 대한 집념	동료를 배려하는 마음	인간성	운	변화구	가동력	라이너 캐치볼	피칭 늘리기
감성	사랑받는 사람	계획성	인사하기	쓰레기 줍기	부실 청소	카운트볼 늘리기	포크볼 완성	슬라이더 구위
배려	인간성	감사	물건을 소중히 쓰자	운	심판을 대하는 태도	늦게 낙차가 있는 커브	변화구	좌타자 결정구
예의	신뢰받는 사람	지속력	긍정적 사고	응원받는 사람	책읽기	직구와 같은폼으로 던지기	스트라이크 볼을 던질때 제구	거리를 상상하기

오타니 쇼헤이의 만다라트 계획표

(출처 : 김도균 기자, 〈올해도 작심삼일? 목표 달성 기술 '만다라트'를 소개합니다〉 SBS 뉴스, 2017. 1. 2)

고등학생 때 계획을 세웠다고 하는데, 그 내용을 보면 자신이 무엇을 원하는지 정확하게 알고, 필요한 세부적인 방법들을 파악했다는 것을 알 수 있다. 이처럼 자기 자신을 안다는 것은 앞으로 나아가기 위한 첫걸음이며, 자신의 성공을 위한 기초인 것이다.

다섯 살 때 무용을 배우고 싶다는 생각만으로 내가 봤던 영화 속 장면을 떠올리며 혼자서 연습을 했던 나는 한 번도 머릿속에서 배우고 싶다는 생각을 멈춰본 적이 없었다. 결국, 10년이 지나서 무용을 배우게 될 때까지 나는 나의 꿈을 알고 있었다.

하지만 더 이상 무용을 하지 않게 되면서부터는 무엇을 해야 할지 알 수가 없었고, 이것저것을 배우며 시간만을 보내게 되었다.

태권도를 다시 만나고 시간이 지나면서 서서히 잃었던 길을 찾은 것 같다. 다른 곳에서 다른 일을 하더라도 항상 내 생각은 태권도에 닿아 있었다. 태권도를 중심에 두고 다른 일을 하면서 너무도 많은 것을 겪어야만 했다. 아마도 그것은 나를 깨우치게 하려는 과정이었을 것이다.

그동안 남들이 그 일로 돈을 벌었다니까 나도 벌 수 있겠지 했다. 남들이 좋다니까 좋은 것인가 보다 여기고, 마치 그 모두가 내 생각이라고 착각하며 살아온 것이다. 나 자신을 들여다볼 생각조차 하지 못하고 외부로만 눈을 돌렸던 나는 모든 이유와 원인도 외부에서만 찾았다.

정작 알아야 할 것을 알지 못하고, 가장 중요한 것이 무엇인지 모른 채 살면서도 잘 아는 것으로 착각하고 있었다.

《성경》마태복음 15장 14절을 보면 "그냥 두라. 그들은 맹인이 되어 맹인을 인도하는 자로다. 만일 맹인이 맹인을 인도하면 둘이 다 구덩이에 빠지리라 하시니"라고 되어 있다.

나 자신을 알지 못하는 것은 맹인이 인도하는 맹인과 같다. 나를 모른 채 누군가에 의해 만들어진 구덩이에 빠져 나의 소중한 시간과 노력을 소모하며 때로는 돈마저 잃게 된다. 그 안에서 서로를 헐뜯고 탓하기도 하면서, 맹인이 되어 자신의 에너지를 낭비하면서도 그것을 모르고 있다.

물론 나는 많은 생각을 했고, 깊은 고민도 했다. 하지만 그 생각과 고민은 모두 '어떻게 하면 돈을 벌 수가 있을까? 무엇을 해야 많이 벌 수 있을까?'에만 초점이 맞춰져 있었다. 나의 성장을 배제한 상태에서 오로지 돈만을 생각했다.

이와 같은 시간을 한동안 보내면서 나의 길을 재정비해야만 했던 시기가 닥쳤다. 그제야 비로소 나 자신을 들여다보게 되었다.

나 자신이 무엇을 원하고 있는지 내가 원하는 길로 가고 있는지를 생각하게 되었다. 내가 해야 할 일과 나에게 소중한 것이 무엇인지를 살폈다.

나 자신을 객관적으로 보려고 노력했다. 그리고 속도보다 방향의 중요함을 뒤늦게 깨닫게 되었고 거기에는 반드시 나의 성장이 있어야 함도 생각하게 되었다. 이런 과정에서 내 마음에 깊게 새기게 된 것이 있다. 무엇을 하든 가장 우선해야 할 일은 자기 자신을 아는 일이라는 것이다.

마음과 몸이 따로 있으면, 몸은 괴롭게 되고 더 힘들어진다. 그래서 현재 정확한 자기 위치에서 모든 것을 풀어나가야 한다.

소크라테스(Socrates)의 '너 자신을 알라'는 말을 그저 유명한 사람이 한 말이라고만 여겼다. 그 의미를 알기까지 많은 것을 겪었고, 많은 시간이 흐르고 나서야 그 중요성을 인식했다. 남은 삶에 주요한 역할을 할 내용이라는 것을 깨달았다.

좌절하고 절망하기보다
더 나은 삶을 위해 움직여라

　나보다 한 살 어린 친구가 있다. 그 친구의 직업은 간호사인데 운동선수로 활동하던 시절에 같이 운동을 했던 남편을 만났고 금실이 좋다. 남편은 건축업을 하고 있고 두 아들과 행복한 결혼생활을 유지하고 있다. 하지만 어느 순간 옆에서 지켜보고 있자면 도저히 행복할 것 같지 않았다.

　함께 살며 보살피고 있는 시동생은 정신장애 2급으로 언제나 손길이 필요하고, 당뇨합병증으로 쓰러진 남편도 돌봐야 하는 과정이 너무도 힘들어 보였기 때문이다. 건설업을 하던 남편은 일하다가 쓰러졌다. 기한 내에 일을 마무리하지 못해서 그에 따른 손해배상도 해줘야 하고, 일하던 인부들에게도 그동안의 일한 대가를 지불해야 했다.

다른 병원으로 옮겨야 하는 가운데 병원비도 해결해야 하고 대학에 다니고 있는 두 아들에게도 들어가야 하는 돈들이 많았다. 도저히 감당해낼 수 없는 상황처럼 보이는데도 그녀의 얼굴은 늘 환한 미소로 밝았다.

돈을 조금이라도 더 벌기 위해 야간근무를 하면서, 코로나19로 남편의 병동에는 들어갈 수가 없게 되자 남편이 입원한 병원에서도 또 아르바이트를 찾아 일하며 남편을 돌봤다. 엄마처럼 따르고 찾는 시동생을 잠시 시설에 보내려 했으나 떼를 쓰는 바람에 시동생까지 돌봐야 하는 상황이었다. 아들들에게 도움을 요청해서 돌보고 있지만 대부분 그녀의 손이 가야 했다.

지켜보는 나도 힘든데 당사자는 오죽할까 싶다. 하지만 그녀는 "가족인데 뭐가 힘들어요?"라고 말한다. 늘 잠이 부족한 그녀의 푸석한 얼굴은 너무도 안타깝다. 하지만 그녀는 힘들다는 생각을 하지 않는다. 단지 무사히 이 순간이 지나가기만을 바라며 최선을 다하고 있을 뿐이다.

그녀에게 화장품조차 사치이기에 언제나 화장기가 없는 얼굴이었다. 늘 잠이 부족해서 얼굴이 부어 있고, 푸석하다. 그런데도 그녀는 참으로 아름답다. 그리고 정말 위대해보였다.

자신 앞에 놓인 문제들을 하나씩 풀어나가는 모습을 보며 생각한 것이 너무도 많았다. 과감하게 놓아야 할 것은 놓고, 도저히 자신의 혼자 힘으로 안 되겠다 싶은 것은 부탁했다. 소중한 가족을 우선으로 모든 문제를 해결해나갔다.

항상 긍정적이던 그녀의 생각은 절대 쉽지 않은 그녀의 환경을 바꾸기 위해 누구를 원망하거나 하소연을 하지 않는다. 오히려 그런 상태에서 남편을 회복시키기 위해 자신이 알아야 하는 부분에 관한 공부를 했고, 어떻게 빨리 회복시킬까만을 생각했다. 그러면서 공부의 폭을 넓혀 갔으며 그것으로 오히려 주변의 다른 이들에게 도움을 주기도 한다.

그녀의 마음에는 무엇이 들어 있을까? 어떻게 저럴 수가 있을까? 돈 문제를 해결하기 위해 땅을 팔고 집을 팔려고 내놓으면서도 동요가 없어 보였다.

가족을 지키기 위한 그녀의 필사적인 노력은 '사랑'이라는 큰 의미를 알게 한다. 신이 선물을 줄 때는 고통의 보자기에 싸서 준다고 한다. 그냥 선물을 주면 그것을 감당하지 못해서 그가 상하거나 죽을 수 있기 때문에, 고통을 주어 그릇을 먼저 키워놓고 선물을 준다고 한다. 그리고 그 고통은 그 사람이 감당할 수 있는 만큼만 준다는 것이다.

결국, 받을 것이 많기 때문에 그런 시련이 주어진 것이라면, 그 힘든 과정에서도 다른 사람들을 도우려 하는 그녀에게는 정말 큰 선물이 주어질 것이라는 생각을 해본다. 늘 원망을 앞세워 지내온 나와는 너무도 다른 그녀를 나는 존경하게 되었고, 그녀를 사랑한다. 그리고 내가 그녀를 알게 된 것을 감사하게 생각한다.

건강을 잃는 것은 모든 것을 잃는 것이라는 말이 있다. 미용업계에서 잘 나가던 분이 있다. 한때는 협회 회장으로도 활동하며 지냈고, 경제적으로도 부유해서 돈에 대한 걱정이 없었던 분이다.

어느 날 갑자기 풍이 왔고, 자유롭던 팔과 다리는 누군가가 묶어 놓은 것처럼 마음대로 움직일 수 없게 되었다. 얼굴은 한쪽으로 올라가 먹는 것도 말하는 것도 버거웠고, 무엇보다 자기 일을 더는 할수 없게 되었다. 그 와중에 경찰이었던 남편도 일손을 놓게 되면서 점점 가세가 기울기 시작을 했고, 유학을 가 있던 아들도 중간에 돌아와야 했다.

모든 것에 낙심하고 있다가 다시 일어서기로 했고, 자신의 건강을 찾으려 힘든 걸음을 걷기 시작했다. 남들의 시선이 싫어서 사람들을 회피하던 그였기에 놀라운 변화였다. 이후 그분은 정상적으로 걸을 수 있기까지 시간은 걸렸지만 그래도 해냈다. 얼굴도 정상으로 돌아오게 하기 위한 안면 마사지와 근육운동을 하며 좋아지기 위해 노력했다.

칠십이 넘은 연세에 그분은 다시 일을 갖게 되었다. 자신의 몸을 회복하는 데 도움을 주었던 건강식품을 소개하며 자신의 경험을 살려 자신과 비슷한 사람들에게 건강을 찾을 수 있도록 도움을 주는 일이었다. 그분은 누구보다도 열정이 있으며, 강력한 힘이 있다.

지난 시간을 이야기할 때면 눈물이 글썽이게 된다고 한다. 잘 나갈 때 지금 알고 있는 것들을 알았다면 그렇게 몸도 상하지 않고 잘 못되지도 않았을 것이라며, 그때는 오만하고 콧대가 높아서 손님들도 자기 뜻에 맞지 않으면 가라고 했다고 한다.

돈에 대해 아쉬움이 없었기에 아들이 얼마를 쓰든 관여하지 않았고, 그 때문에 고등학생이었던 아들이 신용카드를 한 달에 300만 원씩 써도 나무라지 않았다고 한다.

자신의 몸을 돌보지 않고 돈을 버는 그것에만 집중하며 오만과 완벽함을 추구했던 탓에 화로 인해 병을 얻었다고 여긴다. 지금이라도 자신의 도도하고 오만함을 알고 고칠 수 있어서 다행이라고 웃으며 말씀하신다. 그래서 힘들지만 이런 상황에 오히려 감사함을 느낀다고 한다.

아직도 경제적으로 완전하게 회복이 되지는 않았지만, 병이 생겼을 당시보다는 지금 상황이 분명 더 좋아졌고, 앞으로는 더 좋아질 것이기에 행복하다고 했다.

모든 사람에게는 저마다 크고 작은 일들로 좌절도 맛보고 절망도 맛본다. 단지 그것을 어떤 생각과 마음으로 극복을 하느냐, 못하느냐 그것의 차이가 있을 뿐이다. 이겨내는 삶은 그에게 또 다른 기회로 좀 더 나은 삶의 연장선으로 이어지겠지만, 포기하는 사람에게는 정반대의 삶이 있을 뿐이다.

어느 교수님의 강의에서 작은 컵에 물을 담고 "이 컵의 무게가 얼마나 될까요?"라는 질문에 각각 대답한다. "200g이요, 220g이요." 그 교수님은 대답한다.

"이 컵의 무게는 여러분이 얼마나 오래 들고 있느냐에 따라 달라집니다. 이 작은 컵을 온종일 들고 있다면 어떨까요? 아마도 팔이 저리고 손가락에는 힘이 점점 빠져서 그 컵의 무게가 한없이 무겁게 느껴질 것입니다. 여러분이 살면서 갖게 되는 마음의 근심과 걱정은 어쩌면 이 컵보다도 작은 것일 수 있습니다. 그러나, 그 근심과 걱정을 온종일 가지고 있거나 며칠을 가지고 있게 된다면, 그 근심과 걱정은 더 커지고 무거워질 것입니다. 빨리 내려놓아야 합니다. 짐이 되지 않게…. 이 말을 반드시 기억하며 살아가시기 바랍니다."

지금의 극한 상황으로 근심과 걱정을 하기보다는 좋아지는 상황을 머릿속에 그리며 그것을 위해 앞으로 나아가는 것이 자신이 만들어야 할 남은 인생에 대한 책임을 지는 것이다.

안우경 작가의 저서, 《씽킹 101》에는 "자신의 열등감을 지속시킬 이유를 찾거나 불행한 일이 생겼을 때 최악의 해석만 하는 건 자신한테 정말 공정하지 못한 태도다"라는 말이 나온다.

성공한 많은 사람은 바닥까지 내려갔다가 다시 일어선 사람들이 대부분이다. 그들은 자신의 꿈을 잊지 않았다, 그들은 좌절하고 절망하기보다는 더 나은 삶을 위해 움직였던 사람들이다.

생각만 하지 말고 행동하라

"결정은 행동이 따라줄 때 의미가 있다." 윌리엄 클레멘트 스톤의 《절대 실패하지 않는 성공시스템》을 읽다가 이 문장이 눈에 들어왔다. "소망은 실현하려는 시도가 부족하면 그 소망은 죽어 버리기 때문이다. 따라서 당신이 좋은 결정을 내렸다면 그 즉시 행동해야 한다."

아이들 교재 영업을 할 때 일을 하다가 지치면 5분 거리에 있는 큰 언니네 집에 들어가서 이야기를 하다가 집으로 오고는 했다. 여느 때처럼 큰언니네 집에 들렀다가 집으로 오는 길에 불현듯 변화와 발전이 없는 나의 생활이 답답하다는 생각이 들었다. 그때 자동차운전면허학원 차가 지나가는 것을 보고 학원 전화번호를 외워서 전화했다.

그길로 바로 가서 접수하고 일주일 후 필기시험을 보고 합격을 했다. 모든 것이 순조롭게 진행되고 있었다. 그러나 도로주행 시험이 남은 상태에서 실명이 된다는 이야기를 듣게 되었고, 포기해야 하나 생각을 했다. 며칠을 고민했다. '계속 진행할까? 그만둘까?' 하는 고민을 하다가 하던 것이니 끝은 보자 싶어 마지막 단계인 도로주행 시험을 봤다. 다행히 다 통과가 되었다.

곧바로 중고차를 샀다. 바로 차를 끌고 자유로에 올라 첫 주행을 했다. 갚아야 하는 빚이 있고 눈은 실명이 된다고 하는 절망이 가득한 상황에서 이렇게 운전해서 어디든 갈 있으니, 이 상황에서 벗어날 수 있는 새로운 곳으로 갈 수 있다면 좋겠다는 생각을 하며 달렸다.

그런데 정말 운이 좋게도 나는 실명의 위기에서 벗어날 수 있게 되었다. 그리고 운전면허를 취득하게 된 것이 얼마나 다행이었는지 그 이후 차를 끌고 다니면서 몇 배의 일을 하게 되었고 나에게는 하니씩 감사할 일들이 늘어나고 있었다.

지나고 생각을 해도 역시 잘한 일이다 싶다. 하지만 내 친구는 운전면허를 취득하겠다고 해마다 계획을 세우는데 아직도 면허를 취득하지 못하고 이내 포기를 했다. 그러면서 운전하는 사람들을 부러워한다. 집에 차는 두 대가 있어도 말 그대로 그림의 떡이다.

어디를 가고 싶어도 혼자는 갈 수가 없으니 나를 찾을 때가 많지만 시간적 타이밍이 맞지 않아 하소연만 늘어놓는다.

일상에서 필요함을 느끼면서도 생각만 하고 결국은 하지 못해서 마이너스가 되는 일이 많다는 것을 이야기한다. 아직 늦지 않았는데 지금도 역시 생각만 한다.

작은언니가 초등학교 2학년이 되면서 피아노를 배우고 싶다고 부모님께 말씀드렸다. 집에서 조금 떨어진 곳에 가정집에서 가르치는 선생님이 계셨고 작은언니는 재미에 푹 빠져 피아노를 배울 수가 있었다. 엄마는 그 비싼 피아노를 사주기 위해 계를 들었고 결국 피아노를 사주셨다.

작은언니는 너무나 행복해했고, 우리는 피아노 소리를 항상 들어야만 했다. 하루가 다르게 실력이 늘어가고 있었고, 피아노 선생님의 수제자가 되었다. 작은언니의 피아노 실력은 고등학교에 올라가서 빛을 발했다. 음악 시간에는 작은언니의 반주에 맞춰 수업이 진행되었다. 작은언니는 첼로를 하나 더 배우게 되었고, 자신의 음악 세계에 빠져 날마다 행복한 시간을 보낼 수가 있게 되었다. 내가 배우려고 샀던 바이올린은 작은언니의 손에서 길들었다.

반면에 나는 생각뿐이었다. 다섯 살부터 하고 싶었던 무용을 배우겠다고 말을 해보지도 못하고 혼자 끙끙거리기만 했다. 결국, 고등학교 올라가서 할 수 있게 되었지만 예술고등학교에 다니는 아이들과 견주어 보니, 어려서부터 배워온 아이들을 뛰어넘기란 쉽지 않았다. '작은언니처럼 말이라도 했더라면 진작부터 배울 수 있었을 텐데…' 하는 아쉬움이 남는다.

아이들이 어렸을 때 잠들기 전 항상 보고 싶어 하는 책을 읽어주었다. 아들은 나의 배꼽을 만지작거리고 딸은 나의 오른팔을 끌어다 안고 읽어주는 책을 들으며 잠들었다. 한 손으로 책을 넘기며 읽어주기가 힘들어서 3~4권 정도만 읽어주고 이야기를 해주고는 했다. 그동안 읽었던 내용을 짜깁기해서 이야기를 해주었는데 우리 아이들은 그것을 더 좋아했다.

고등학교에 다니게 된 아들이 일주일에 한 번 집에 오는데 오늘은 안방에서 엄마랑 같이 자도 되냐고 묻는다. 당연히 된다고 하자 두 아이가 어렸을 때처럼 양옆에 누웠다. 아들은 어린이날도 지나고, 어린이도 졸업했지만, 옛날처럼 이야기해달라고 했다.

생각나는 것이 없다며 그냥 자자고 했더니, 옛날에는 그렇게 많은 이야기를 해주더니 왜 생각나는 것이 없냐며 해달라는 것이다.

"깊은 산속에 할아버지와 어린 손자가 강아지와 함께 살았다. 눈이 쌓인 겨울 먹을 것이 없었던 터라 할아버지가 인가에 내려가 먹을 것을 구해오겠다며 나섰다. 하지만 눈이 너무 많이 와서 길을 잃고 쓰러져있는데 기다리던 손자와 강아지가 할아버지를 찾아 나선다…"를 시작으로 이야기를 해주었다.

이야기하다 보면 항상 마무리가 어려웠는데 이번에도 어떻게 해야 할지 생각이 나지 않아 대충 마무리를 했다. "원래 있는 옛날이야기야?" "아니, 눈을 감고 지금 생각나는 것을 이야기 한 것인데 어렸을 때보다 재미가 없지?" "아니, 한참 집중해서 들었는데 마무리가 좀 그렇다. 그래도 재미있었어."

그날 이후 아들은 잊을 만하면 "엄마, 동화를 써보면 좋을 것 같아" 하고 반복해서 말했다. 그 말에 나도 세뇌가 되었는지 언젠가부터 동화를 써볼까 하는 생각을 하게 되었다. 하지만 한 번도 내가 글을 쓰고 창작을 위해 뭔가를 해보려는 시도는 하지 않았다. 여전히 그저 생각만 하고 있었다.

어느 날 스포츠신문 국장님이 내게 자서전을 써보라고 했다. 본인이 출판사를 가지고 있는데 원고지 한 권을 사서 생각나는 대로 적어서 주면 본인이 편집해서 책으로 내주겠다는 것이다. 그 말을 흘려들었지만, 가끔 떠올려 보고는 했다. 그러나 그렇게 쉬운 일도 아니고 엄두가 나지 않는 일이라 여겨 실행해볼 생각조차 하지 못했다. 태권도 시합장에서 가끔 그 국장님을 만나지만 그것에 대해서는 더는 말이 없다. 아마 그분도 쉽지 않은 일이라 생각을 하지 않았나 싶다.

가끔 생각만 했던 글쓰기를 해보기로 마음먹게 된 것은 그동안의 생각들이 결집해서가 아닐까 싶다. 가장 큰 이유는 아들에게 있지만 어쩌면 이렇게 글을 쓰는 것이 아들의 꿈만은 아니었던 것 같다. 이제 더는 생각에서 멈추지는 않을 것이다.

우리는 어떠한 일로 화가 나 있을 때 운전대를 잡으면 아무리 온순한 사람도 거칠어진다는 것을 안다. 여느 때는 그냥 지나칠 만한 일인데, '무슨 운전을 그따위로 하냐'며 욕도 하고 때로는 상대가 욕을 할 만한 짓을 내가 하기도 한다. 화가 났다는 명분으로 평소 하지 않는 행동을 하게 되는데 이것은 많은 것을 잃게 할 수 있다.

자기 일이 뜻대로 되지 않는다고 늘 힘들어하다 보면, 자신의 감정이 화난 것처럼 격양되어 있어도 모르고 지나치게 된다.

빚으로 인해 남편을 원망하며 지냈던 나는 늘 화가 난 사람 같았다. 웃음을 잃은 얼굴은 굳어 있었다. 코미디 프로그램에서 "사람이 행복하기 때문에 웃는 것이 아니라 웃기 때문에 행복하다"라는 말을 들었다. 그날은 그 말이 내 마음에 아주 강하게 들어왔다. 그리고 정말 행복해지고 싶었고 그래서 웃어봤다. 하지만 근육이 굳어서 웃는 것이 어색하게만 느껴졌다. 그때 나는 너무 놀랐다. 나의 마음과 얼굴이 어떠했는지 처음으로 알았기 때문이다. 웃는 것이 이렇게 어려웠나? 정말 근육이 굳어 웃을 수가 없었는데, 너무 큰 충격이었다. 그래서 이후 틈만 나면 웃는 연습을 정말 많이 했다.

화나 있는 상태에서는 모든 것이 부정적이고 판단력이 흐려진다는 것을 운전대를 잡으면서 느꼈다. 마음이 경직되어 있을 때는 올바른 생각과 판단을 하는 데 방해가 된다. 그런 때는 잘살아보려고 노력을 하면 할수록 더 힘들어지는 것을 경험으로 알 수 있었다.

그 때문에 자신의 감정을 살피는 일은 매우 중요하며, 올바른 생각을 할 수 있도록 만들어주어야 한다. 내 생각이 올바른지 판단이 어려울 때는 책을 통해 알아가는 것도 방법일 수 있다. 그리고 자신의 얼굴 근육이 어떠한지 살피는 것도 중요하다. 자신의 얼굴 근육은 평상시 쓰는 대로 발달하기 때문에 웃고 있는지 인상을 쓰고 있는지 알 수 있다. 결국, 자신의 내면이 그대로 드러난 것이 얼굴 근육이기에 마음을 살필 수가 있다.

밝은 마음에서 바른 생각을 했다고 여겨졌을 때는 반드시 행동으로 옮겨야 한다. 자신의 변화된 모습을 만나는 일이며 자신이 정한 성공으로 가는 길이기 때문이다.

생각만 하지 말고 행동하라. 모든 것의 답이다.

실패 속에는 문제의 답이
감추어져 있다

'실패는 성공의 어머니'라는 말을 들을 때면 미국의 발명가 토머스 에디슨(Thomas Alva Edison)이 떠오른다.

에디슨은 1,000종이 넘는 특허를 낼 정도로 많은 발명을 했다. 그중에서 특히 중요한 것은 백열전구를 개선, 발전시키고 생산법을 발명한 것이다. 전기는 필라멘트를 통과하면서 저항을 받으면, 열과 빛을 내게 된다. 에디슨은 수만 번의 실험을 통해 40시간 이상 계속해서 빛을 낼 수 있는 필라멘트를 만드는 데 성공했다. 그리고 이후 그는 다시 전구를 보급하기 위해 효율이 높은 발전기와 배전반의 설계와 부대설비에서 배전, 충전, 발전에 이르기까지의 전기기기 체계를 창조해냈다.

67살에는 화재로 평생을 연구해온 모든 것을 잃지만, 불과 3주 만에 측우기를 발명해내기도 했다. "천재란 99%가 땀이며, 나머지 1%가 영감이다"라는 에디슨의 말에서도 알 수 있듯이 반복적인 실험을 통해 문제의 답을 찾아가는 일을 평생을 해왔다고 볼 수 있다.

태권도에는 겨루기와 품새가 있다. 나는 특히 품새를 좋아하는데, 품새는 공격과 방어의 기술을 규정적인 틀에 맞춰 스스로 수련할 수 있도록 여러 동작을 이어 만들어놓은 것이다.

발의 위치와 이동 방향을 선이라 해서 품새 선에 따라 수련을 한다. 유급자 품새는 우주 만물의 근원인 태극 사상을 기초로 하고 팔괘의 의미를 담고 있으며 여덟 개의 품새가 있다. 그리고 유단자 품새는 아홉 개이며 품새마다 담고 있는 철학적인 의미가 있다. 그 안의 담긴 뜻은 참으로 심오하다.

나는 새로운 품새를 배울 때 가장 흥분되었다. 그 동작들을 익히는 과정들이 너무 좋았다. 처음 어색한 모든 동작이 점차 내 몸이 된 것처럼 자연스럽게 느껴지기까지의 그 과정은 정말 행복하다.

한 동작을 내 것으로 만들기까지 수없이 반복되는 연습을 하게 된다. 처음의 잘못된 동작들을 수정해나가면서 올바른 동작이 나오고 그 동작이 완전한 나의 것이 되면 진흙 바닥에서 움직이다가 단단한 땅 위에 서서 자유롭게 움직이는 것 같은 기분이 든다.

그렇게 여러 동작이 익숙해지면 다음에 어떤 어려운 동작들이 나와도 금세 내 동작으로 만들 수가 있게 된다.

우리는 크고 작은 일들을 겪으며 살아간다. 모두가 내가 해결을 하며 풀어가야 하는 일들이다. 반복적으로 일을 겪다 보면 일을 해결하는 데 있어 좀 더 현명하고, 빠르게 풀어나가는 것을 본인 스스로가 느끼는 경우가 있다.

식당을 하던 사촌 동생이 있다. 자동차 정비를 하다가 친구가 하던 식당을 하게 되었는데, 낮에 문을 열고 새벽 3시까지 일을 했다. 술을 팔기도 하는 식당이다 보니 미성년자를 아르바이트로 일하게 하면 안 되었다.

급했던 동생은 아르바이트를 채용하면서 기본적인 것을 하지 않았다. 근로계약서를 작성하고 그 아이의 나이를 파악했더라면 겪지 않아도 될 일인데, 그것을 하지 않아 크게 곤욕을 치르게 되었다. 미성년자였던 아르바이트생이 직접 신고를 한 것이다. 설상가상으로 유통기한이 지난 재료로 식품위생 위반으로 걸려서 벌금에 일시 휴업을 하게 되었다. 이 일로 타격을 심하게 겪었다. 결국, 운영하지 못하고 빨리 다른 사람에게 넘겨야 하는 상황이 되었다.

자동차 정비업을 하다가 친구가 했던 모습만을 보고 아무것도 준비가 되지 않았던 상태에서 인수해서 운영했던 사촌 동생은 그동안 모아둔 돈을 그렇게 다 없애고 오히려 빚이 생기게 되었다.

절망 속에 나를 찾아 왔던 동생의 모습에서 과거 나의 모습을 봤다. 그 절망과 그 막막함에 앞이 보이지 않아 두렵고 가야 할 방향을 잃은 채 초라하고 비참한 심정으로 돈을 구하러 왔다. 간신히 어두운 터널을 나와 아직 안정되지 않은 나에게 와서 하소연과 구원의 손을 요구하는 동생의 손길을 외면하기가 힘들었다. 내가 다시 힘든 시간을 보내게 될 것을 알면서도 대출을 받아주었고, 그것으로 조금이나마 일어서는 데 도움이 되기를 진심으로 빌었다.

실패에는 반드시 그 이유가 있다. 나를 비롯한 모든 사람은 완벽할 수 없다. 그것을 인정하는 것은 중요하다. 자신의 실패 원인을 자신에게서 찾을 수 있기 때문이다. 실패한 원인이 자신에게 있음을 안다는 것은 자신이 변화되어야 함을 인정하는 것이다. 사람들은 익숙함에 안정감을 느끼기에 쉽게 변하려 하지 않는다. 그래서 자신이 변해야 함을 인지한다는 것은 매우 중요하다. 변화를 위해서는 많은 어색한 일들을 익숙하게 만들기 위한 도전과 노력이 필요하다. 이런 변화가 있다면 오히려 실패는 성공으로 가는 지름길로 안내해주는 지도가 될 것이다.

실패하는 것을 좋아하는 사람은 없다. 하지만 어떤 일이든 실패를 두려워할 필요는 없다. 실패했다는 것은 내가 뭐라도 했다는 뜻이고 거기에서 다음에 해야 할 방법을 찾게 해주기 때문이다. 실패는 내가 정한 목표에 도달하지 못한 것이기에 큰 의미를 부여해 자신을 나락으로 떨어뜨릴 필요가 없는 것이다.

적어도 실패라는 말을 쓴다는 것은 자신의 목표가 있음을 이야기하는 것이니 목표조차 없는 사람보다는 한 단계 위인 것이다. 그러니 반복적인 실패를 했다고 해서 자신을 무능력하다고 치부할 이유가 없는 것이다. 실패 원인을 찾고 자신의 변화를 추구한다면 적어도 그 사람은 누구보다도 앞선 사람이 되는 것이다. 변화를 만드는 것은 꿈꾸는 자만이 가능하다. 실패가 두려워 가만히 있으면 변화를 강요받게 된다.

그런 의미에서 나는 '실패와 성공'이라는 단어를 좋아한다. 자신이 무엇을 하고자 하는지 방향을 안다는 의미이며 애벌레가 나비가되듯 변화를 시도하고 있기 때문이다.

대치동 학원가에서의 일이다. 학원 건물에서 일하고 있었기에 화장실을 가기 위해 엘리베이터를 타게 되었다. 같이 타게 된 남학생의 한숨 소리에 심장이 내려앉는 느낌이었다. 어떤 마음이기에 저런 한숨이 나올 수가 있을까?

내가 실명 위기에 있을 때, 나의 암담함이 나를 옭아매고 있을 때…. 아마도 그때의 나의 한숨과 견줄 수 있을 것 같았다. 왜? 무엇 때문에 이토록 젊고 꿈이 많을 학생에게서 이 같은 한숨 소리가 나오는 것일까? 뭔지는 모르겠지만 너무나 안타까웠다.

누군가가 만들어놓은 틀 속에서 버거움을 느끼는 것이 아닌, 자신의 삶을 살며 그 안에서의 작은 실패를 맛보는 것이라면 차라기 다행일 텐데 하는 생각을 해봤다. 윈스턴 처칠(Winston Churchill)은 실패에 대해서 이렇게 말했다.

"무릇 가장 큰 성공은 맨 나중에 온다. 실패했다는 것은, 그것이 끝이라는 의미가 아니라 아직 도전할 것이 남아 있다는 뜻이다. 실패는 당신에게 포기를 가르치는 것이 아니라, 진정한 성공의 의미를 가르친다."

실패를 두려워해야 할 이유는 없다. 정말 두려워할 것은 아무런 변화도 없이 반복된 삶을 사는 것이다. 실패는 피해야 할 전염병이 아니다. 성공하기 위해 겪어야 할 과정인 것이다. 그리고 그 성공은 자신의 목표를 향해 변화된 자신을 보는 것이다.

실패가 있기에 성공도 있는 것은 하나의 공식이며, '문제'는 잘못
된 방향으로 가고 있음을 알려주는 신호다.

하고 싶은 일이 있다면
주저하지 말고 도전하라

마트를 향해 늦은 출근을 하면서 후다닥 정신없이 뛰어 간신히 지하철을 탔다. 이 시간을 놓치면 영락없는 지각이다. 지하철 안에는 유난히 사람들이 많았다. 이 많은 사람이 어디로 가는 걸까? 나이도 각양각색이고 통화를 하는 내용을 듣게 되면 일과 연관된 내용과 가벼운 수다, 그리고 약속 장소로 가는 내용 등 참으로 다양하다. 이 사람들은 무슨 생각을 하며 어떻게 살아가고 있는지 등 뜬금없는 생각을 하다 보니 어느새 도착했다.

더운 여름밤에 마트에 오신 고객분 중 한 명이 큰 여행 배낭을 메고 들어섰다. 가끔 오던 고객이었는데 한동안 뜸했다. 언제나 밝은 표정이고 인사를 잘 건네주어서 기억하고 있었다. 그날은 유난히 살갗이 타서 더 거무스름했다. "어디 다녀오시나 봐요?"라는 질문에 유럽으로 배낭여행을 다녀오는 길이라고 했다. 그사이 전화가 와서 통화하는 내용을 듣다 보니 모두 영어로 이야기를 하는 것에 놀라고 있었다. 통화가 끝나고 하는 말이 여행 중 만났던 친구가 잘 도착을 했는지 안부를 묻는 전화였다고 한다. 나와 비슷한 연배로 보였는데 아주 부러웠다.

영어를 잘하는 것도, 해외여행을 자유롭게 다니는 것도 부러웠다. 그런 생각을 하며 이런저런 이야기를 하는데 본인이 암 환자라는 것이다. 그 말에 내색할 수 없었지만 정말 많이 안타까웠다. 그리고 그분 말이 "하고 싶은 것이 있으면 뒤로 미루지 말고 그때그때 다 하세요. 영영 못 하게 될 수도 있어요" 하는 것이었다. 그분의 말이 마음에 확 와닿았다.

버킷리스트라는 것을 제대로 써서 실행을 해봐야겠다는 생각을 했다.

오랜만에 아들과 이야기를 할 수 있는 시간이 주어졌다. 책 이야기를 하다가 과거의 일을 꺼내게 되었다. 아들이 중학생일 때 고등학교는 검정고시로 패스를 하고 학교는 가지 않겠다고 했던 것이다. 자신이 좋아하는 일을 하고 싶다는 것이었다. 아들은 책을 너무 좋아했고 글쓰기를 좋아해서 짧게 소설을 썼었다.

아들의 말은 머릿속에 많은 이야기가 있어서 글로 써 내려가는 것이 너무 즐겁다고 했다. 한번은 글의 내용을 읽어주었는데 판타지 내용이었고, 나름대로 구성이 탄탄했다. 내게 읽어주었던 내용에서 좀 더 폭넓게 구성을 해서 어느 인터넷사이트에 올렸다. 거기서 아마추어 작가로 활동할 방법을 안내받고 조금 더 적극적으로 생각했다.

그때 아들은 계획이 있었다. 그러나 나는 아들이 최소한 고등학교는 졸업해야지 학교를 그만둔다는 것은 말이 안 된다고 우겼다. "그때 엄마가 말렸어도 자기가 생각했던 대로 해야 했다"라는 후회의 말을 했다. 아들의 속마음을 처음으로 듣게 된 것이다.

그때에는 누군가가 이야기를 해주는 것처럼 하나를 생각하면 또 다른 것이 떠오르고 모든 것이 보이는 것처럼 선명해서 그냥 글로 옮기는 것 같은 느낌이었다고 한다. 지금은 그때만큼 명료하지 않다는 것이다.

두 남매가 있는데 중학교 중퇴를 하고, 검정고시를 준비하면서 기타에 빠져서 연주하는 모습을 봤다. 부모님이 처음에는 학교를 그만두겠다고 했을 때 반대가 심했는데 아이들이 연주하는 모습을 보고 허락했다고 한다. 아이들이 행복해하는 모습을 보니까 원하는 대로 할 수 있도록 해주어야겠다는 생각이 들었다는 것이다.

지금 그 두 남매는 위로해주고 싶은 분들을 찾아다니며 기타연주를 해주고, 자신들의 행복을 나누면서 큰 계획으로 즐겁게 살아가고 있다. 그 아이들의 모습은 세상의 모든 것을 다 얻은 듯 정말 행복한 모습이었다.

시간을 돌이켜 생각해봤다. 아들이 학교 수업시간에 책을 읽다가 선생님께 뺏기고 돌아왔을 때의 모습이 떠올랐다. 정말 슬퍼 보였다. 그때 나는 아들의 마음을 크게 헤아리지 못했다. 며칠을 그 책을 받아오지 못하고 애타 하는 아들을 보며 오히려 왜 수업시간에 책을 읽었냐고 나무라기만 했었다. 아들의 마음을 좀 더 진지하게 들여다보고 헤아렸더라면 두 남매의 부모처럼 아들이 원하는 대로 할 수 있도록 해주었을지도 모른다는 생각이 들었다. 자신의 꿈을 이루는 데 필요한 지식은 얼마든지 언제든지 쉽게 구할 수 있는 세상이 되었는데…. 삶에 정해진 길은 없는 것이다. 남들이 만들어 놓은 틀에 맞춰야 하는 이유도 없는 것이다.

건물과 건물 사이의 좁은 공간을 이용해서 김밥을 만들어 팔고 계시는 분이 있다. 그분은 친구와 둘이 그 일을 하는데 여느 김밥과는 다르게 문어 다리를 간장에 조려서 그것을 주재료로 김밥을 만들고 자신의 신메뉴를 수시로 새롭게 만들어 선보인다. 장소가 좁은 관계로 밖에서 줄을 서서 기다리며 사야 하는데 언제나 인기가 많아 항상 줄을 기다려야 살 수가 있었다.

그분은 육십이 넘은 연세에 1년에 한 번씩 가이드도 없이 혼자해외 자유여행을 다닌다. 영어를 하지 못하지만, 수년간 그렇게 다니면서 간단한 영어는 익혀서 여행에 불편함은 없다고 했다. 급하면 몸짓을 한다고 하면서 유머 있게 말씀하시는데 그 용기가 너무놀라웠다. 그분의 삶의 지론은 "언제나 하고 싶은 것은 더 늙기 전에 미루지 말고 하자. 인생은 즐기며 사는 것이다'라는 것이다. 나도 그 말에 너무 많이 공감하고 있다. 그리고 그렇게 살고 싶다.

요즘 우리 가족은 각자의 계획을 세우고 이야기를 한다. 아들은자신이 생각해 왔던 글의 내용과 사업을 좀 더 키우기 위한 계획을이야기하고, 딸도 일하면서 오빠가 하는 일을 창업해서 추진해 나가는 계획으로 서로를 응원하고 있다. 모두가 계획하고 있는 대로성공한다면 너무 좋겠지만, 만약 뜻대로 되지 않는다고 해도 좀 더업그레이드된 상태에서 현명함으로 다시 도전하게 될 것이다. 이처럼 각자가 자신의 목표를 가지고 있고 계획을 세워 도전을 하는 지금 이 순간이 너무도 감사하고 행복하다.

　모든 것은 마음에서 비롯된다. 하고 싶은 일이 있다면 주저하지 말고 도전하라. 그 도전에는 많은 것이 담겨있다. 되어가는 과정에 만족감과 성취감 그것으로 인한 행복이 있다. 그런 감정들을 충분히 느끼면서, 성장해 있는 자신을 만날 수 있게 된다. 무엇보다 자신이 할 수 있음을 알게 된다.

　세계여행을 가고 싶다면 계획을 세우고 가는 것이다. 무언가를 배우고 싶다면 그것에 대한 계획을 세워서 배워나가야 한다. 지금 무엇이 하고 싶다면, 지금 그것을 집중적으로 생각하고 할 방법을 찾아야 한다. 어쩌면 지금이 그것을 해야 할 때일지도 모르기 때문이다. 주저함에는 두려움이 싹튼다. 그 두려움은 '나중에'라는 말을 하게 하며, 핑계를 찾게 한다. 나를 점점 작아지게 만들며, 소극적으로 만든다. 결국에는 할 수 없게 만든다.

　할 수 있다면 지금 하고, 해야 한다면 지금 하라.

성공하는 사람은 언제나
배움을 멈추지 않는다

미술사학자 유홍준 교수의 저서 《나의 문화유산 답사기》는 아는 것만큼 보인다는 말로 시작한다. '사랑하면 알게 되고 알게 되면 보이나니, 그때 보이는 것은 전과 같지 않으리라'라는 이 말은 조선 정조 때의 문장가 유한준이 남긴 명언을 토대로 번역해 각색한 문장이라고 한다. 그 책이 베스트셀러가 되면서 사람들에게도 널리 쓰이는 말이 되었다.

아는 것만큼 보이고, 그때 보이는 것은 전과 같지 않다. 배움이라는 단어를 놓고 이야기를 해도 어울릴 말이다. 어느 한 분야에서 성공한다는 것은 그 분야에 대해서 많은 것을 알고 있다는 말과도 같다. 처음 시작하는 단계를 건물 1층에 있는 것이라고 한다면, 그

분야의 완전한 전문가가 되었을 때는 그 건물 꼭대기에 있는 것과 같다. 분명 1층에서 보는 것과 건물 꼭대기에서 보는 것은 모든 것에 차이가 있다.

1층에서 내려다보는 세상은 건물 밖을 보아도 시선이 가려져서 보이는 것에 한계가 있다. 하지만 건물 위에서 내려다보는 세상은 막힘없이 볼 수 있어서 세상이 더 넓게 보이고, 그만큼 다방면으로 더 많은 것을 알 수 있게 된다. 이것은 차원이 완전히 다른 삶을 살게 된다는 것을 의미한다.

누구에게나 퀀텀점프를 할 수 있는 기회가 온다고 한다. 그러나 대개는 그것을 모르고 지나치는데 일부 사람들은 그것이 기회임을 알고 잡는다. 그것을 계기로 인생이 크게 한번 점프할 수 있게 된다. 그것을 알아볼 수 있는 것은 자신에게 꾸준하게 투자하며 자신의 능력을 키워가고 있을 때 가능하다는 생각을 한다. 왜냐하면 자신의 가능성의 범위를 스스로 확장시켰기 때문이다.

간단한 예로 같은 태권도 심판 생활을 하더라도 외국어를 할 수 있고, 없고의 차이로 외국 활동 가능성 여부가 갈리며 그 활동 범위가 달라질 수 있다. 또 4단 이상은 겨루기 심판을 볼 수 있다면 6단이상은 겨루기와 품새 심판까지 가능해지며, 그 범위를 더 크게 확장시킬 수가 있게 된다. 스스로 자신에게 투자하는 것은 자신에게 더 많은 기회를 주게 되고 그런 것들이 성장을 이끌어낸다.

나는 마이클 잭슨(Michael Jackson)을 좋아한다. 뒤늦게 그에 대해서 알게 되었고, 그의 영혼을 담은 듯한 무대를 보면 소름이 돋을 만큼 감동이 밀려온다.

팝의 황제로 알려진 그는 자서전에 '자기의 전문분야에 정통해야만 한다. 또 각각의 생업에 필요한 도구를 완전히 사용하고 소화시킬 줄 알아야 한다. 가령 그것이 책이라면 책을, 춤을 춘다면 플로어를, 또는 수영을 한다면 물속에 있는 자기 몸을 말이다. 어떤 것이든, 그건 자기 것이다. 나는 언제나 자신에게 그렇게 일러주며 살아왔다'라고 썼다. 여기서 알 수 있듯이 자신의 일에 완벽하고자 끊임없이 배웠다.

잭슨 파이브로 형제들과의 활동에서 이미 유명인이 된 그는 자신의 독립을 준비하는 과정에서 자신의 더 큰 성장의 필요성을 느끼며 교육시스템을 만들어야겠다고 생각을 했다. 그는 치밀한 계획하에 자신만의 교육시스템을 만들었다. 발성부터 시작해서 안무를 위한 자신의 스승이 되어줄 사람을 찾았고, 어려서부터 무대 뒤에서 스스로 익혀온 조명의 효과를 알고 연구하며 모든 것을 준비할 수 있었다. 자신의 일에 관련된 모든 것을 배웠으며, 그 모두를 그의 무대에 그대로 쏟아부었다. 그의 그런 노력은 그를 팝의 황제로 만들었다.

잭슨은 배우는 것만큼 즐겁고 자신을 흥분시키는 일은 없다고 했을 만큼 배우는 것을 좋아했다. 그가 세운 많은 기록을 아직도 깨지 못할 만큼 업적은 뛰어났으며, 그가 죽은 후에도 여전히 팝의 황제로 자리매김을 하고 있다.

우연히 어느 카페에 올라온 글을 보게 되었다. 30대 중반의 독신 남자가 올린 글이었다. 그는 소도시에서 연 6,000만 원을 벌고 있는데 앞으로 4년만 더 일하면 연 8,000만 원의 수입이 가능하다는 것이다. 그런데 퇴근을 하면 늦은 시간이라 갈 곳도 없고 할 수 있는 것도 없다 보니 무료하고 이렇게 나이를 먹는다는 것이 끔찍하다는 생각이 든다며 선배님들의 조언을 듣고 싶다는 내용이었다.

50~60대의 답변은 하나같이 사는 것이 원래 그렇다며 그대로 살라는 이야기를 했다. 요즘처럼 힘든 시기에 그 정도의 수입이면 괜찮은데 무슨 고민을 하냐는 내용이었다. 그런데 그중에 딱 한 명의 40대 후반의 남성이 그대로 있지 말고 변화의 흐름을 알아야 하니 책을 사서 읽고 인터넷 강의하는 것이 많은데 뭐라도 공부하라는 조언을 해주었다. 그 답변을 보면서 답답함 가운데 시원함을 느꼈다. 배움에는 나이도, 환경도 다 필요 없다. 특히 요즘은 앉아서 손가락만 움직이면 원하는 정보는 얼마든지 얻을 수 있는 세상이다 보니 자신의 하고자 하는 마음만이 필요하다. 자신의 삶을 변화시

키고자 한다면 반드시 꾸준히 배워야 한다. 자신에게 더 많은 기회를 줄 수 있는 유일한 방법이기 때문이다.

어느 날 같이 일을 했던 동료가 자신의 아들 이야기를 해주었다. 한 직장에서 수년간 같이 일했던 사람 중 한 명이 일찍이 그만두고 자신이 원하던 일을 하기 위해 1년 동안 돈을 쓰며 뭔가를 배웠다고 한다. 이후 1인 창업을 했는데 자신의 연간 소득을 2~3개월 만에 벌 수 있게 되었다고 한다. 자신도 일을 그만두고 그 사람처럼 하고 싶다는 이야기를 하길래 잔소리 말고 그냥 다니라고 했다며 자신의 아들이 대기업을 다니고 있음을 은근히 자랑스럽게 이야기를 했다.

그 말을 듣고 생각을 했다. 예전의 나라면 직장을 그만두지 말고, 그냥 다니라고 같은 말을 했을 것이다. 그러나 지금은 생각이 다르다. 자신의 가능성을 인지하고 도전하는 모습에 대 찬성을 하고 응원해줄 것이다. 성공한 사람들의 공통점은 정상의 자리에 올랐어도 세상은 변하고 있기에 앞으로 더 나아가기 위한 배움을 멈추지 않는다.

태권도는 예의에서 시작한다. 과거 태권도의 발전과정에서 보면 일격필살(一擊必殺), 즉 한 번의 공격으로 상대를 죽이지 않으면 자신이 당할 수 있었기에 그 한 번의 공격이 치명적일 수가 있었다.

자신의 기술을 남용하지 않도록 하기 위해 인성을 중요시했고, 따라서 예의를 필수적으로 가르치게 되었다.

오늘날에도 예의를 기본으로 하고 있으며, 미국의 상류층에서 가르치고자 하는 것이 태권도가 된 이유도 여기에 있다고 할 수 있다. 아이들이 변해가는 모습을 볼 수 있기 때문이다. 기술을 통한 자신감과 예의에 따른 겸손이 함께 자랄 수 있는 태권도가 세계적으로 사랑을 받는 이유다. 배움을 통해 안다는 것은 변화가 있음을 말한다.

호암 이병철의 자서전에는 '사람은 늙어서 죽는 것이 아니다. 한 걸음 한 걸음 길을 닦고 스스로 닦아 나가기를 멎을 때 죽음이 시작되는 것이다', '물이 높고 파도가 거칠어지면 위험하기도 하지만 그 대신 배는 그 만큼 높이 올라간다'라는 어록이 있다. 이것을 읽으며 내 나름대로 해석해서 받아들였다.

끊임없이 배움을 갖고 도전을 한다면, 인생의 거친 파도를 만나더라도 그것을 이기고 극복할 수 있는 지식과 지혜로 더 넓고 높게 자신의 원하는 삶을 이룰 수 있다. 성공하는 사람은 언제나 배움을 멈추지 않는다.

저 사람이 했다면 나도 할 수 있다

초등학교 시절, 운동장에서 체육수업을 했을 때다. 뜀틀을 넘는 시간이었다. 두 팔 사이로 다리를 모아서 넘는 것이 생소한 탓에 선생님의 설명을 들었지만, 모두가 실패하고 말았다. 그때 한 명이 성공을 하는 것을 보고, 그 뒤로 모두가 따라 넘을 수 있게 되었다.

귀로만 들어서 행동으로 하려니까 두려움에 뛰어넘지 못하던 친구들이 누군가 뛰어넘는 모습을 보고 나니 거짓말처럼 거의 모든 친구가 넘을 수 있었다.

말로만 듣는 것과 실제로 보는 것의 차이가 정말 많이 났다. 그 일을 기억하는 것은 선생님의 설명을 들으면서 그 모습을 상상하고 상상한 대로 그냥 뛰었던 것이 바로 나였기 때문이다.

그런데 그 이후 다른 반 수업시간에도 불려가서 뛰어넘는 것을 선보였어야 했기 때문에 유난히 기억하게 된 것이다

내가 뛰어넘는 것을 보던 친구들은 '와!' 하고 함성을 질렀고, 막상 자신들도 할 수 있게 되자 '별 것 아니다'라며 모두가 손뼉을 쳤다. 나는 그때 작은 희열을 느꼈다.

눈이 쌓인 외진 길에 먼저 지나간 누군가의 발자국을 보면 함께하는 듯 가는 길이 쉬워진다. 안개가 자욱한 날 운전을 하게 되면 앞이 보이지 않아 아주 애먹는다. 하지만 앞에 가는 차의 깜박이는 불빛이 있으면 한결 마음이 놓인다.

누군가 앞서 성공한 사람이 있다면, 나도 가능하다는 것을 본 것이기에 좀 더 확신을 가지고 할 수 있어야 한다. 하지만 유난히 사회적으로 성공한 다른 사람들을 보면 '저 사람은 특별하니까 할 수 있었을 거야, 많은 재능이 있겠지'라는 생각으로 그 사람과 나는 다르다는 생각을 하며, 스스로 작아진다.

나는 세 가지 일을 겸해서 했던 때가 있다. 꽃을 배달하면서, 비수기에는 일용직으로 일을 하고, 태권도 심판 위촉을 받으면 심판을 봤다. 양평 시합장에서의 일이다. 트럭을 운전해서 주차장에 주차를 시키고 시합장으로 들어갔다. 내가 꽃 배달을 하고 있는 것을

알고 계시는 부회장님(지금의 회장님)께서 시합장에 축하 화환이 두 개가 들어 왔는데 끝나고 가져가라고 하셨다. 화환을 가져다 팔면 돈을 받을 수가 있었던 나는 감사한 마음에 아무 생각 없이 끝나고 화환을 옮겨 차에 실었다. 그것을 본 심판원 중 한 명이 심판복이라도 벗고 하지 격이 떨어진다고 다들 뭐라 한다는 말을 전해왔다.

순간 아차 싶었는데 마음이 울렁거렸다. 심판도 나의 일이고 꽃배달도 나의 일이라서 어느 것도 나는 부끄럽다는 생각을 해본 적이 없었다. 그런데 그 말을 듣고 갑자기 오물이 묻은 사람이 되어 다른 사람들에게 오물을 묻힌 사람이 된 기분이 들었다. 그 일은 금세 잊었지만, 그것은 바빴기에 잊은 것일 뿐, 내면에서 나를 더 작아지게 만들고 있었다.

꽃집마다 취급하는 종류가 다르다 보니 큰 화분만을 취급하는 곳은 사람들이 하지 않으려고 모두가 피한다. 갈 사람이 없다 보니 사장님은 어쩔 수 없이 나를 보내게 되었고 꽃집에서는 왜 아주머니를 보냈냐며 투덜거리면서 차에 실어주었다. 실수 없이 해달라는 당부와 함께 나는 목적지를 향해 출발했다.

야자수가 담긴 그 화분을 어떻게 내려야 할지 크게 걱정하며 도착했는데 빌딩 경비원 아저씨가 나오시더니 왜 사장님이 직접 배달을 하냐며 도와주셨다. 걱정과 반대로 너무도 수월하게 잘 마무리

하고 돌아오는 길이 가벼웠다. 여자가 배달하는 것은 생각하지 못했던 그분은 당연히 나를 사장으로 생각했던 것이다.

그런데 그 일이 있고부터 뭔지 모르게 마음에 붙어있던 것이 하나 떨어져 나가는 기분이 들었다. 시합장에서의 일로 나에게 있었던 그 생각하기 싫은 감정을 떨쳐냈다고 해야 하나? 아무튼 시원함을 느꼈다. 남자들도 크고 무거워서 기피했던 것을 내가 해냈다는 생각과 순간 사장이 되었던 것에 실없는 웃음이 멈추지 않았다. 그러면서 그동안 남의 말에 이렇게 나의 기분이 좌지우지되고 있다는 것을 깨달았다.

"지금 내 인생에 최선을 다하고 있는 나는 지금 이것이 끝이 아닌데 난 아직 가고 있는 중인데 뭐가 문제지? 누구도 나를 흔들 자격이 없는 거야." 스스로 나의 마음을 지키고 나를 지켜주는 것도 나의 할 일인데 그것을 놓치고 있었다는 생각을 했다.

그런 생각들은 "너는 충분히 성공할 수 있는 여건을 갖춘 것이니까 이 순간을 즐기며 감사하게 생각을 하는 것이 맞아" 이렇게 스스로 위로할 수 있도록 해주었다.

성공한 사람들의 대부분은 나처럼 자신의 단점이 너무 커서, 그리고 환경이 너무 나쁘고 힘들어서 그것을 극복하려고 노력하면서 얻어낸 성과들이다.

한시름 놓을 만할 때, 건강상의 이유도 있었고 누군가의 부탁에 다시 찾게 된 네트워크 마케팅을 하면서 미국에 갈 기회가 있었다. 거기에서 그 비싸다고 하는 브라이언 트레이시의 강의를 들을 수 있었다. 워낙 유명한 사람이라서 참 운이 좋다고 생각을 했고, 그래서 하나라도 놓칠세라 귀담아 들었다.

강의 도중 지금 가장 감사한 사람에게 문자를 보내라고 했다. 그 순간 가장 먼저 떠오른 분이 경태협 회장님이었다. 한국과의 시간차가 있었지만 나는 감사 문자를 보냈다. 보내면서 마음이 울컥함을 느꼈다.

폭풍이 지나고 따뜻한 햇살에 나를 맡기고 그 따사로움에 평화로움을 선물 받은 듯한 순간이 너무도 감사했다. 하나하나 모든 것이 다 감사하다는 생각에 눈물이 났다. 그리고 그의 강의를 듣는 내 내 그동안의 모든 것은 나를 성장시키기 위한 계획이었다는 믿음을 가지게 되었다.

불우했던 그의 어린 시절의 이야기는 나보다 더 어려운 환경이었고 그것을 극복하기 위한 생각과 방법을 찾으려는 자신의 노력으로 지금의 자신이 될 수 있었다는 이야기로 끝을 맺었다. 결국, 나도 그렇게 될 것이라는 확신을 가지게 되었다. 지금까지의 나를 돌아보면 굴곡은 있었으나 분명 조금씩 더 나은 환경으로 옮겨갔고 앞으로도 그렇게 만들고자 하는 나의 목표와 나의 계획이 있으며 나는 그것을 위해 행동을 하고 있기 때문이다.

그동안 내가 무엇을 하든 그 모두는 그냥 지나가지는 않았다. 그 안에는 내게 주고자 하는 깨달음이라는 선물들이 숨겨져 있었다. 마치 보물찾기를 하는 것처럼 장소를 이동해가며 그 보물들을 찾아낸 것 같은 그런 시간이었기에 순간순간이 감사하다.

세상에 많은 성공한 사람이 길을 안내해주고 있다. 그들이 밟았던 그 발자국들을 하나씩 따라 옮겨가며 갈 수 있도록 도와준다. 결국, 그들이 했다면 나도 할 수 있는 것이다.

모든 꽃들은 비를 맞으며 피어난다. 내가 포기해야 하는 이유는 하나도 없다. 핑계라면 몰라도, 나에게 닥치는 어려움은 더욱 노력해야 할 이유인 것이다. 성공은 자신이 몰입한 순간들의 결정체이며, 그 성공은 다른 사람들에게 감동과 희망을 준다.

롤 모델이 있다면
절반은 성공한 것이다

그리스 철학자인 에픽테토스(Epictetus)는 "환경이 사람을 만드는 것이 아니다. 환경은 단지 사람이 자신의 본질을 드러내도록 만들 뿐이다"라고 말한다.

사회적으로 성공한 사람들은 하나의 공통점이 있다. 그들은 자신에게 닥친 시련을 대하는 태도가 다르다는 점이다. 성공한 사람들의 이야기를 들어보면 오히려 더 많은 풍파를 겪었다. 하지만 그들은 자신의 시련을 디딤돌로 여기고 자신의 목적지를 향해 가는 발판으로 만든다. 그들은 그 시련 속에서 자신에게 주는 교훈을 찾아내고, 그것을 성공의 도구로 만드는 것이다.

어떤 시련이든 시간과 함께 항상 끝이 있기 마련이다. 어떤 마음으로 대하느냐에 따라 그 속에서 얻어지는 것이 교훈이냐, 아니면 단지 고통이냐의 차이가 있을 뿐이다. 엄마가 해주신 말이 있다.

"새가 앉았다 일어나면 그 자리엔 깃털이 남게 된다. 자주 이동을 하고 옮겨 다니는 것은 나의 에너지를 소진하는 상황이 될 수가 있다. 그래서 돈을 모으거나 원하는 것을 얻기가 힘들다. 무엇을 하더라도 끈기를 가지고 그 일을 해야 기술을 배우던 나의 것이된다는 것이다. 그리고 항상 자신이 있던 자리를 둘러보아야 한다. 남을 말하기 전에 자신을 먼저 보는 것을 항상 생각해야 한다."

"지붕이 새고 있음을 아는 것은 비가 올 때다. 그 지붕이 새어 빗물이 떨어지는 곳을 밑에서는 보이니까 찾을 수 있지만, 고치려고 지붕 위로 올라가면 보이지 않아 찾기가 어렵다. 어느 자리에 올라앉기 전에 밑에서부터 기본이 되는 일들을 통해 경험할 수 있다면 올라가서도 모든 것을 알 수 있어 구멍이 나지 않을 것이다. 구멍이 난다고 하더라도 금세 찾을 수 있게 된다."

나는 살면서 힘이 들 때면 엄마가 평소에 해주셨던 말들을 떠올리며 생각했다.

"지금 내게 비가 오고 있는 거야. 이 비 속에 나의 부족함과 잘못들을 볼 수 있어야 해. 분명 그 틈으로 새어나온 것들이 나에게 고통을 주는 원인이 되었을 것이니까, 이 비가 그치고 나면 난 성공했다 할 수 있을 거야"

엄마가 해주셨던 모든 말은 어떤 철학자의 말보다, 어떤 선생님의 말보다 내 마음에 가장 우선시 되었다.

엄마를 모시고 큰언니와 형부가 짧은 여행을 다녀왔다. 고속도로를 통할 때마다 엄마는 "어쩌면 이렇게 길을 잘 닦아놓았을까? 세금이 하나도 아깝지 않네"라는 말씀을 하셨다고 한다. 그 말을 들은 형부도 큰언니도 놀랐다고 한다. 자신들은 한 번도 그런 생각을 해본 적이 없었기 때문이다. 나도 그렇다. 나는 세금을 낼 때마다 "힘들어 죽겠는데, 내라는 게 왜 이렇게 많아" 하며 투덜거리는 것이 일상이었기 때문이다. 그 말을 들은 이후부터는 세금 때문에 투덜대는 일은 하지 않으려 한다(가끔은 투덜댄다).

엄마의 철학이 새겨진 말속에는 엄마가 살아오신 방법들이 담겨 있으며, 참 지혜롭다는 생각을 한다. 살면서 어떤 마음으로 사느냐는 너무도 중요하다. 나에게 긍정적인 생각을 하게 하고, 웃으며 살 수 있도록 해주었던 것은 엄마의 영향이 가장 컸다.
아버지와 엄마의 모습을 떠올리면 항상 엷은 미소를 머금고 있는 모습이 떠오른다. 인자하고 자상하신 모습. 내가 가장 닮고 싶은 모습이다.

경태협의 회장님의 모습도 그렇다. 냉철한 판단력과 세밀한 계획, 빠른 추진력을 겸비하신 분이다. 그런 회장님의 모습에서도 나의 부모님의 모습을 볼 수 있다. 인자하고 자상하신 모습이시다. 깊은 신앙심으로 온화하고 자상하신 모습에 냉철한 판단력과 세밀한 계획, 빠른 추진력으로 선봉의 자리에서 이끌고 계시는 모습은 정말로 닮고 싶은 부분이다.

늘 앞서 이끄는 자리는 언제나 거센 바람을 온몸으로 부딪치며 갈 수밖에 없는 것 같다. 익숙함에 안주하려는 사람들에게 새로운 방향을 제시하고 이끌기란 늘 쉽지 않다. 그 쉽지 않은 일을 수년간 해오시면서 많은 변화를 만들어내셨다.

"저출산 사회에서 태권도의 미래는 없다. 이대로라면 앞으로 10년 뒤면 태권도는 망한다"라고 하신다. 날벼락 같은 말이지만 실상이 그렇다. "그 방안을 지금 세워서 준비하지 않는 한 태권도의 미래는 없다"라고 하시며 그 대비책을 연구하기에 골몰하시고 하나씩 추진하신다.

경태협은 대한민국 최대의 지역협회로 국제교류를 통한 태권도 보급에 심혈을 기울여 미국과 러시아, 중국, 프랑스, 아르헨티나 등 14개 단체와 MOU를 체결하고 활발한 교류를 하고 있다. 그리고 태권도 종주국으로의 역할을 하고자 각종 시합을 주최하며 발전시키는 데 앞장서고 있다. 그리고 남미 도복지원사업을 비롯해서 아이티, 코티디브아르, 통가, 필리핀, 아르헨티나, 파라과이, 브라질 등에 도복과 태권도 용품을 지원하며 열악한 환경에서의 사범님들의 노고에 조금이나마 보답하고 있다.

코로나19로 인해 모든 시합과 심사가 멈춰져야 하는 상황에서도 계속적인 진행을 위한 방안을 세우고 실행해, 일선에 있는 사범님들에게 용기를 심어주고, 위기를 극복할 수 있도록 모든 지원을 아끼지 않는 지혜로운 분이시다.

어떠한 문제에 당면하게 되면 다른 사람들의 말에도 귀를 기울이며 최선책을 찾으려 애쓰고, 진행하려 하는 모든 일에 방해하고 발목을 잡는 일이 생기더라도 그것을 헤쳐나가는 방법을 먼저 생각하신다.

회장님의 이런 생각은 경태협이 크게 발전하게 되는 이유라고 생각한다. 오로지 태권도만을 생각하고 발전을 위한 끊임없는 연구와 계획으로 그 결과를 만들어내는 일을 반복해왔다. 개인의 태권도가 아닌 종주국으로서의 태권도를 생각하고 계시기에 거기에 맞는 계획들을 세우게 되고, 거기에 맞는 결과들을 만들고 있는 것이다.

늘 절제된 생활 속에 한계 없는 도전을 해나가며 그 생각이 어디에 끝을 두고 있는지에 따라 결과가 거기에 맞게 나오는 것을 수시로 보아왔다. 생각을 큰 범위에서 하니까 당연히 그에 따른 성과도 크다.

자신을 어디에 두느냐는 자신의 생각에 달려있다. 태권도 종주국으로의 태권도를 생각하는 사람인지, 아니면 체육관에서 아이들을 가르치는 사범으로서의 태권도만을 생각하는지에 따라 당연히 모든 것이 다르다. 자신의 생각을 크게 두면 분명 거기에 맞는 행동을 하게 될 것이고, 결과도 달라진다는 것은 너무도 당연한 것이다.

나는 자연스럽게 이 모든 것을 회장님과 함께해온 시간 속에서 배울 수 있었다. 이런 배움은 앞으로 남은 내 인생에 정말 큰 영향을 미친다는 것을 알고 있기에 지금의 순간들이 축복처럼 느껴진다. 덕분에 우물 안의 개구리였던 내가 세상을 보게 되었다. 생각의 힘이 얼마나 중요한지를 몸소 배우고 있음이 행복하다.

내게는 이처럼 정말로 큰 인생의 롤 모델이 있다. 참 감사한 일이다. 사람은 당연히 자신과 밀접한 사람들의 영향을 받는다. 내가 부모님께 받았던 것처럼, 그리고 회장님께 배운 것들을 통해 나를 가까이에 두고 있는 우리 아이들에게도 좋은 영향을 줄 수 있는 생각으로, 어떻게 삶을 변화시키는지를 보여줄 차례다.

- 3장 -

자신이 가장 초라할 때
최고의 친절을 베풀어라

자신이 가장 초라할 때
최고의 친절을 베풀어라

어둠 속에서만 비추는 빛이 있다. 하지만 그것을 알지 못할 때는 그 어둠에 자꾸 움츠러든다. 보이지 않는 앞이 두렵기 때문이다. 그 움츠러든 모습은 한없이 작고 초라하게 느껴져서 바닥에 붙을 것만 같은 기분이 들게 한다. 너무도 오랜 시간을 이런 느낌 속에서 살았다.

용역 현장에서 일용직으로 일을 할 때다. 어디에서 무엇을 해야 하는지 모른 채 약속 장소로 이동을 하게 되었고, 거기서 다른 사람들과 봉고차를 타고 한참을 달렸다. 우리가 도착한 곳은 충청도의 어느 농가의 넓디넓은 과수원이었다. 우리가 할 일은 잡초가 나오지 못하게 덮어놓은 검은색 거적을 제거하는 일이었다. 비닐을 덮었다면 좀 더 수월했을까? 거적이라고 해야 맞는 것인지도 모르겠다. 쑥이 뚫고 올라오면 못질을 한 것처럼 단단하게 박혀서 도저히 잡아서 뺄 수가 없었다.

강렬한 태양 아래 내 키보다 작은 나무의 그늘을 의지하며 장갑 하나 주어진 것을 끼고 거적을 제거하는 일에 몰두했다. 모르는 사람들과 비좁은 차로 이동해서 낯선 곳에 도착해서 처음 해보는 일을 하는 나의 모습은 내 머리에 조금도 그려지는 일이 아니었다.

점심시간 차를 타고 내려와 간단하게 식사를 하고 다시 차를 타고 산 중턱의 과수원에 가서 일을 시작했다. 땀은 비 오듯이 쏟아져 눈으로 흘러 들어가면 닦지도 못하고, 따가워서 안 닦을 수도 없어 먼지투성이의 옷자락을 끌어다 닦아서인지, 오는 길에 나의 눈은 빨갛게 충혈이 되고 부어있는 상태가 되었다.

갈증이 나는데 물은 주지 않고 못 마시는 막걸리만 주는데, 목마름에 술이고 뭐고 가릴 새 없이 갈증을 해소시켜야 했다. 아마도 제 정신에 일을 했다면 못했을 것 같다는 생각도 오면서 들었다. 일이 끝나고 개울물로 데려가더니 거기서 땀과 먼지로 범벅이 된 것을 씻게 했다. 정말 기가 막힌 하루를 보냈다.

나의 모습은 일이라는 전쟁터에서 태양, 먼지, 검은 거적과 막걸리의 공격을 받아 싸우다 쓰러진 병사 같다는 생각이 들었다. 햇볕에 그을려 살은 따갑고 눈은 충혈과 함께 통증으로 힘들었고, 온몸은 두들겨 맞은 것처럼 다리를 떼어놓기가 버거웠다. 하루 일당 몇 만 원을 위해 그 먼 곳까지 비좁은 차를 타고 그 고생을 하는 것이 정말 기가 막혔다. 새벽에 나갔다가 길이 막혀 집에 도착하니 밤 10시가 넘었다.

이후에도 이어지는 일들은 그다지 즐겁지도 반갑지도 않은 일들이었다. 한겨울에 함바집 오픈 전에 필요한 그릇들을 닦는 일도 했는데 얼마나 오래 묵혔던 그릇인지 모두가 녹이 생겨서 종일 쪼그리고 앉아서 녹을 제거해야 했다. 더운물도 없는 곳에서, 잘 닦이지도 않는 것을 닦느라 손에 쥐가 나서 애먹었는데 미친 짓처럼 느껴졌다.

마사지숍에 가서 방마다 청소해주며 준비된 밥상도 차려주고, 그렇게 매일 다른 일을 하다 보니 정말 다양한 경험을 하게 되었다. 여기서 벗어날 수 없을 것 같은 두려움이 몰려올 때는 정말 미칠 것 같았다.

매일 돈이 들어와야 하는 일을 찾느라, 용역업체에서 주어진 일을 하는 동안 나는 자존감이라는 것을 가질 수가 없었다. 일에 귀천

이 없다고는 하지만 그것은 아닌 것 같았다. 적어도 너무 힘들고, 조금 덜 힘들고, 수월하게 느껴지는 것으로는 분명히 나누어진다.

어려서 부족한 것 없이 부모님의 사랑과 풍요를 느꼈던 것도 나이고, 이 힘듦 속에 있던 것도 나이고, 평온함과 행복으로 가득한 지금 이 순간도 모두 나 자신이다. 그런데 너무도 다른 삶을 살고 있는 다른 사람들인 것 같다.

캄캄한 어둠 속에서 어느 정도 시간이 지나면, 전혀 보이지 않던 것이 희미하게 보이게 됨을 경험해 봤다. 그 희미하게 보이는 순간 두려움에서 약간의 안도감을 느낀다. 그 희미한 빛으로 더듬어가며 길을 찾을 수 있게 되었을 때 얼마나 기쁜지 상상이 갈 것이다. 나의 삶에서도 그런 순간들이 있었다.

어느 교수의 말이 생각난다. 5만 원의 종이 지폐를 꺼내 들고, 이 돈을 갖고 싶은 사람에게 주겠다고 했다. 이 돈을 갖고 싶은 사람 있냐며 손을 들게 했다. 모두가 들었다. 그 돈을 구기면서 다시 물었다. 여전히 모두가 갖고 싶다고 손을 들었다. 바닥에 던지고 밟으며 다시 물었다. 그래도 모두가 가지고 싶다고 했다. 교수님이 말을 이었다.

"여러분이 이 돈의 모양과 상태에 대해 상관하지 않고 갖고 싶어하는 이유가 뭘까요? 그것은 이 돈의 가치 때문입니다. 여러분은 이 돈보다도 더 큰 가치가 있는 사람입니다. 살다 보면 다양한 순간들을 만나게 될 것입니다. 때로는 바닥에 던져진 것 같은 기분이 들 때도 있겠지만 여러분의 가치는 변한 것이 없다는 것을 기억하며 살기를 바랍니다."

돈의 가치는 바닥에 뒹굴며 밟히더라도 변하지 않는다는 것을 모두가 쉽게 인지한다. 하지만 자신의 가치는 남과 환경에 의해 너무도 쉽게 뭉개지고 구겨지고 버려지게 놔둔다. 그러나 알아야 할 것은 지금의 순간이 끝이 아님을 항상 기억해야 한다. 아직 세상에 드러나지 않은 자신의 미래는 나를 믿고 기다리고 있기 때문이다. 그러니 스스로 자신을 인정하고 그 가치를 알아주어야 한다.

마이클 잭슨의 노래, 〈스마일(Smile)〉 중에 이런 가사가 있다. '비록 당장 눈물이 흐를 것 같더라도, 그때가 바로 계속 노력해야 할 순간이다. …… 삶은 여전히 가치가 있음을 알게 될 것이다(Although a tear be ever so near, That's the time you most keep on trying. …… you'll find that life is still worththile).'

그가 최고의 정상에 올랐을 때 그동안의 모든 노력을 짓밟는 것과 같은 추문 속에서도 노래를 만들어 자신을 위로하고 사람들을 위로했다. 그는 자신의 가치를 알고 있었으며, 스스로 그 가치를 더 크고 빛나게 만들었다.

나에게는 다시 일어서고자 하는 힘이 있었다. 그것을 가능하게 해주었던 것이 태권도였다. 작아지는 나를 다시 일으켜 앞으로 나아가게 해주었다. "넌 충분히 가치 있는 사람이야. 앞으로 해야 할 일이 기다리고 있잖아. 자신에게 힘을 주고 앞으로 갈 수 있게 해줘"라며 늘 스스로를 응원할 수 있게 해주었다.

"쉬운 상황을 바라지 않기로 했다. 단지 더 많은 능력을 키우기로 했다. 나에게 있는 문제가 사라지기를 바라지 않기로 했다. 단지 그 문제를 해결할 수 있는 능력과 지혜를 키우기로 했다."

내가 들었던 강의 중에 들은 책의 문구를 나의 책상에 붙여놓고 수시로 보며 상기시켰다.

수년간 이런저런 일들을 해왔던 나의 모습을 본 우리 아이들은 말한다. 힘든 일을 하는 분들을 접하게 되면 더 친절하고 공손해지는데 엄마가 생각나기 때문이란다. 나를 통해 세상을 보는 우리 아이들의 눈에는 부정적인 것보다 긍정적인 것들이 더 많이 보이기를 희망한다.

돈의 노예처럼 살아온 시간이 내게 준 것은 많은 감정이다. 꿈을 사라지게도 했다가, 어느 순간 다시 더 큰 꿈을 가지게 했고, 원망했다가, 미안함에 죄스러움도 가지게도 했다. 불안하고 두려움에 미칠 것 같다가, 희망에 잠시 부풀게도 했고, 다시 또 미궁에 빠진 듯 답답함에 소리 지르고 싶게도 했다. 가슴을 시리게 하는 고통에 살맛이 사라지게도 했다.

흘러간 시간을 지금 돌이켜 보면 그 시간을 통해 나는 심리학자
가 되었고, 철학자가 되었으며, 종교인이 되었다. 가장 큰 깨달음
은 인생이라는 이 길을 적어도 내가 어디로 가야 하는지 알게 되었
다는 것이다. 이토록 축복 같은 시간이 될 것을 진작 알았더라면 그
렇게 아파하지 않았을 것을, 시간이 지나고서야 알았다.

지금 자신의 초라함으로 점점 주눅이 든다면, 이 시간은 자신에
게 축복 같은 시간이 될 것임을 미리 알기를 소망한다. 힘들어도 자
신에게 최고의 친절을 베풀 수 있기를 바란다.

자신의 장점을 칭찬하고
격려할 줄 알아야 한다

아침에 일어나 차에 타고 시동을 걸었다. 날씨가 매섭게 추운 날이었는데 배터리가 방전되어 시동이 걸리지 않았다. 추운데 한동안차를 세워두었기에 걱정이 되어 쉬는 날 미리 점검하려 했던 것인데 미리 살펴보기를 잘했다 싶었다.

자동차보험회사에 전화하고, 곧 출동을 해주어서 쉽게 시동이걸렸으나 1시간 정도 시동을 걸어두어야 한다고 했다. 자다가 얼떨결에 따라나선 딸과 큰언니에게 전화해서 가까운 곳으로 한 바퀴돌자고 했다. 잠자다 일어나서 외투만 입고 나선 세 사람은 준비도없이 그대로 나섰다.

목적지 없이 달리다가 임진각 재인폭포까지 가게 되었다. 날은 추운데 제법 사람들이 많았다. 그리고 경치가 너무 예뻐서 결국 차에서 내리기로 했다. 씻지도 않고 준비 없이 나온 터라 모습은 엉망이었지만 사람들을 의식하지 않기로 했다.

오면서 배가 고팠던 우리는 식당에 가려다가 모습들을 보고 그냥 편의점에서 간단하게 사기로 결정했다. 이것저것 골라 들고 차로 왔다. 차 안에서 수다를 떨며 먹던 우리는 서로를 보면서 웃음이 절로 터져 나왔다. 즐거운 시간이었다. 오면서 "오늘은 얻어걸린 하루였어"라며 웃었던 것이 생각난다. 그 잠깐의 시간에 우리 셋은 많이 즐거웠고 행복했다.

그날 이후 종종 그런 시간을 만들어야겠다고 생각했다. 시간이 될 때마다 큰언니에게 전화해서 주변에 아무 데나 계획 없이 한 바퀴 돌자고 했고, 큰언니도 즐겼다. 그렇게 나갔다가 오면 그 즐거움이 며칠을 기분 좋게 해준다는 것도 느끼게 되었다. 오면서 우리는 "오늘도 얻어걸린 하루였어"라며 그날 찍었던 사진들을 서로 보내주면서 잠깐의 추억으로 시간을 쌓았다.

난 모든 것이 좋았다. 모르는 곳을 달리는 것도 큰언니와 이야기를 하는 것도, 식당에서 식사를 하며 그 분위기에서 여유로움을 즐기는 것도 모두가 좋았다. 이런 즐거움에 행복을 느낄 수 있었다. 머리에 온갖 근심으로 가득했을 때는 이 같은 일은 생각조차 하지 못하고 있었기에 지금의 이런 여유로움에 감사함을 느낀다. 이런 시간들도 내게 주는 작은 선물이며, 난 이런 시간들을 더 많이 가지려 노력한다.

시합이 끝난 어느 날 함께했던 심판원이 이야기했다. "난 이번 심판비가 들어오면 네일아트를 받을 거야. 그동안 수고한 나에게 선물을 주어야지"라고 했다. 그 말이 참 새롭게 들렸다. 자신에게 선물을 준다는 생각을 한 번도 해본 적이 없었기 때문이다.

자신에게 선물을 준다는 말을 듣고부터 종일 그 생각이 떠나지 않았다. 내게는 신선한 충격이었다. 그 말은 스스로 돌본다는 의미처럼 느꼈고, 나는 왜 이런 생각을 못 했을까 생각했다. 그렇게 힘든 시간 속에 나 자신을 험한 곳으로 던져놓고도 내가 아닌 남이 나를 돌봐주는 것으로만 생각했다. 스스로 자신을 돌보고 아끼고 사랑으로 감싸야 하는 것을, 이 모두를 내가 아닌 남이 나에게 해주어야 한다는 생각을 했던 것 같다.

남편에게도 그랬다. 그러나 그렇게 느끼지 못하고 있었기에 불만이 생기고, 부족함을 헐뜯고 결국 싸움으로 이어졌었던 것이 너무 바보 같다는 생각이 들었다. 안타깝게도 이 모든 것을 뒤늦게 깨닫게 되었다는 것이다.

"나 자신에게 선물을 준다"라는 말을 수시로 생각하게 되었다. 그리고 나에게도 작은 보상을 해주어야겠다는 생각을 했다. 무엇이 좋을까를 생각하다가 나에게 가장 필요했던 휴식을 선물로 주어야 겠다는 생각을 했다. 하루도 쉬지 않고 일을 했던 탓에 정신적으로도 지쳐있었기 때문이다. 처음으로 시도를 해보려고 이렇게 저렇게 계획을 세우고 결국은 하루를 쉬었다. 설레기까지 했고, 정말 좋았다. 그렇게 처음으로 나에게 선물을 준 것이다.

온전한 나만의 시간을 갖게 된다는 것이 세상의 일부가 나의 것이 된 것 같은 느낌이 들었다. 그리고 그 시간은 특별하게 동떨어진 시간인 것처럼 생각되었다. '선물'이라는 단어와 함께 내게 주어진 시간이었기에 더 특별하고 소중하게 여겨졌다. 아무도 모르는 나만 아는 비밀스러운 선물이어서 정말 기분이 너무 좋았다. 나는 그런 시간을 점차 더 늘려가고 싶다는 생각이 들었다. 그냥 주어진 시간이 아니었기에 나를 위한 시간으로 만들고 싶었다.

나의 시간을 갖게 되면서 내 주변이 눈에 들어오게 되었고, 쾌적한 공간에서의 기분 좋음을 내방으로 옮기고 싶다는 생각에 꾸미기 시작했다. 버릴 것을 찾아서 버리고, 빈 공간을 만들어 화분 몇 개로 분위기를 낼 수 있도록 꾸몄다. 그런데 그 작은 변화로 기분이 좋아졌다. 웃는 일이 많아지고 무언가 하고 싶다는 충동이 생겼다. 책상을 들여놓고 책장이 딸린 침대로 바꾸어서 책을 더 가까이 할 수 있도록 했고 그때부터 책은 나의 친구가 되었다.

때로는 내게 닥친 어려운 환경이 자신의 모든 능력을 다 앗아간 것 같은 착각을 하게 만든다. 그래서 나 자신이 아무것도 할 수 없는 사람처럼 느끼게 한다. 이것이 나를 더욱더 비참하게 만드는 부분이기도 했다. 하지만 그런 때에 자신을 살필 수 있어야 한다. 자신을 위해 무언가를 하다 보니 자신에게 있던 장점이 다시 보이게 되었다. 그리고 어느 순간 스스로에게 용기를 주고 격려해주게 되었다.

그러면서 딱딱하게 굳은 표정을 펼 수 있었고 움츠러든 마음이 펴졌다. 모든 것이 경직되어 있으면 몸의 흐름도 방해해 건강을 해칠 수도 있고, 그런 상태에서는 생각도 멈춘 듯 좋은 생각들이 떠오르지 않는다. 그리고 돈과는 점점 멀어지게 된다는 것을 알았는데 다행히 점차 그런 것들이 좋아질 수 있게 된 것이다.

흔히 웃으면 복이 온다고 말을 한다. 웃을 수 있다는 것은 축복이고, 우리에게 있어 큰 선물이다. 하지만 그것은 누가 주는 것이 아니라, 스스로 할 수 있는 일이다. 자신의 얼굴에 웃음을 잃게 한다는 것은 마음의 여유를 함께 지워버리는 것과 같다. 그것은 마음에 다른 것을 담을 여유를 없애는 것이다. 봐야 할 것을 놓쳐버리게 만든다.

산에 오를 때 주변의 아름다움을 감상하며 여유롭게 오른 사람은 "정말 좋았어"라는 말로 그 순간의 즐거움과 행복함을 느낀다. 그리고 다음을 다시 계획하게 된다. 하지만 그저 산에 오르기만 했던 사람은 오르면서 힘든 것만을 생각하기 때문에 "어차피 내려올 것을 힘들게 뭐하러 올라가?"라는 생각이 들며 그 즐거움과 행복을 느끼지 못하고, 다음을 다시 계획하지 않는다. 산에서의 흙냄새와 풀냄새 나무의 그 시원한 그늘에 앉아 지저귀는 새소리를 들으며 땀을 식히는 가운데 내게 주는 그 평온함을 모르고 지나간다면 너무 안타까울 것이다.

힘들기만 한 삶이라 느낄 때 이런 평온한 마음을 느끼기는 쉽지 않았다. 그러나 그 평온함을 알게 된다면 유연해지는 마음을 얻게 되고, 밝아지는 표정으로 작은 변화들이 시작된다는 것을 느끼게 될 것이다. 움츠러든 자신을 먼저 활짝 펼 수 있도록 자신을 칭찬해주고 스스로 격려해주어야 한다. 그것이 자신에게 주는 선물이다. 좋고 나쁨은 동전의 양면과도 같다. 지금의 힘든 상황이 나를 더 나은 상황으로 이끌어주는 전환점이 될 수도 있기 때문이다.

우리가 알고 있는 '새옹지마(塞翁之馬)'라는 말의 유래에서도 보면 집에서 키우던 말이 달아나더니 다른 준마를 데리고 돌아왔고, 말타기를 좋아하던 노인의 아들이 그 말을 길들이기 위해 타다가 떨어져 다리가 부러졌다. 그로부터 얼마 후 전쟁으로 모든 젊은 청년들이 전쟁터로 나가야 하는 상황이 되었는데 다리를 다쳐서 전쟁터로 나갈 수 없게 된 아들은 생명을 구하게 되었다는 이야기다. 그렇듯이 지금 좋은 것이 다 좋은 것도 아니고 반대로 지금 나쁜 것이 다 나쁜 것만도 아님을 뜻한다.

나를 사랑하는 것은 원망과 자책이 아닌 반성으로 스스로 칭찬하고 위로해주는 것이다. 그렇게 자신에게 최고의 친절을 베풀어줄 수 있어야 한다. 자신을 사랑할 줄 아는 사람이 진정한 인생의 고수다. 모두 고수가 되기를 바란다.

바보처럼 자신만 힘들다고
생각하지 마라

살면서 가장 중요한 것이 무엇일까? 건강식품을 아이템으로 네트워크마케팅을 진행할 때 만났던 분들이 있다. 그 당시 45세였던 시멘트를 나르는 래미콘을 운전하는 분이다. 간암 말기로 6개월 정도 살 것을 예상한다고 했다. 젊고 건강해보이는 남성이었는데 모태간염으로 군입대할 때 B형간염인 것을 알았다고 한다.

아버지의 폐암 선고로 7년을 보살피다가 결국 아버지가 돌아가시고 불과 얼마 안 되어 엄마가 간암 선고를 받으셨다고 한다. 또다시 엄마를 보살펴드리는 가운데 본인이 간경화인 것을 회사의 건강검진을 통해 알게 되었고, 얼마 지나지 않아 간암으로 발전하게 되었다고 한다.

엄마를 병원에 입원시키고 자신은 같은 병원에서 엄마 모르게 그 힘들다고 하는 색전술을 받아가며 엄마를 끝까지 보살폈다. 결국, 엄마도 돌아가시고 가족묘를 만들면서 자신이 갈 곳도 미리 준비했다고 한다.

젊은 사람이 11년을 부모님의 암과 싸우며 살다가 결국 자신이 암으로 다시 투병해야 한다는 것이 그 사람에게 너무도 가혹하다는 생각이 들었다.

어쩌다 나와 인연이 되어 나의 고객이 되었고, 그의 이야기를 들으면서 많이 안타까웠다. 그의 가족인 누나와 고모들이 계시는데 의사보다도 모두 나에게 더 의지했다. 그의 엄마가 돌아가시는 경험을 통해 어찌된다는 것을 알고 있었기에 그저 고통을 줄여주고 싶은 마음이었을 것이다. 결국, 그때로부터 18개월 후 세상을 떠났는데 어쩌다 보니 그의 임종을 지키게 되었다. 그의 가족들과는 안부도 묻고 지내는 사이가 되었다.

피자집을 하는 분이 있다. 남편이 복막암이라 했다. 그 역시 나와 인연이 되어 1년 넘게 투병생활을 지켜보게 되었다. 종양으로 소변을 볼 수 없게 되어 양쪽 신장에 직접 관을 연결해 소변주머니를 차고 다녔다. 어느 정도 회복이 되면서 한쪽에 있던 소변 주머니를 빼기도 했다. 호전이 되어가는 것 같았는데 다시 악화되어 결국 호스피스 병동에서 생을 마감했다. 나와는 겨우 한 살 차이였다.

일본의 마쓰시다 고노스케(松下幸之助)는 94살로 운명할 때까지

산하 570개 기업에 종업원 13만 명을 거느린 대기업 총수로 지내며 '경영의 신'이라고 불리운 인물이다.

그는 아버지의 파산으로 초등학교 4학년에 중퇴하고, 자전거 점포의 점원이 되었는데 밤이면 엄마가 그리워 울었던 시절을 보냈다고 한다. 그런 그가 일본 대기업 총수가 되었다.

어느 날 한 직원이 "회장님은 어떻게 이처럼 큰 성공을 하셨습니까?"라고 묻자 마쓰시다 회장은 "세 가지 하늘의 큰 은혜를 입고 태어났다"라고 했다.

그 세 가지 은혜는 "가난하게 태어났기 때문에 부지런히 일하지 않고는 잘살 수 없다는 것을 깨달았고, 허약하게 태어났기 때문에 건강에 힘쓸 수 있게 되었으며, 못 배웠기에 세상 모든 사람을 스승으로 여겨 배우려고 노력할 수 있었다"라고 한다.

"이러한 환경은 나를 이만큼 성장시켜주기 위해 하늘이 준 시련이라 생각해 감사하고 있다"는 것이다. 그가 약점을 강점으로 바꾼 것을 보면, 약점과 강점은 손등과 손바닥 같다는 생각이 든다.

하나의 씨앗이 열매를 맺기까지 헤아릴 수 없는 에너지가 필요하다. 거리의 보도블록 사이에 피어나는 이름 모를 잡초들도, 산을 지키는 커다란 나무들도, 모두 스스로 생명을 유지하기 위해 무한한 에너지가 필요하다. 타 들어갈 것 같은 태양 아래서도 매서운 바람의 추위에서도 피할 수 없어 온전히 견뎌내야 하는 것은 우리 삶의 굴곡이 있는 것과 같다고 본다. 우리 모두는 이렇게 자연의 법칙 안에서 사는 것이다.

누구나 종류는 다르지만, 시련이라고 하는 어려움을 겪는다. 하지만 그 어려움을 대하는 사람들의 마음에 따라 결과는 다르게 나올 것이다. 자신의 어려움을 그저 한탄만 하거나 남의 탓으로만 여긴다면 그 속에서 나오기가 힘들 것이다. 그러나, 그 어려움을 통해 무언가 깨닫게 되고, 그로 인해 더 나은 삶을 위해 노력을 한다면 그것은 나를 위한 디딤돌이 될 것이다.

삶의 고통이 크게 다가오면 누구나 그 고통에 가려져 그 안에 빠져서 우물 안 개구리처럼 그것만을 생각하고 보게 된다. 그러나, 그 안에 들어있는 교훈을 알아채고 그 교훈에 눈을 돌려 볼 수 있게 되면 우물 밖에서 자신의 문제들을 들여다보는 것처럼 느껴진다. 그리고 좀 더 나은 상황으로 바꿀 수 있는 방법을 찾게 된다.

나보다 7~8살 위인 여자분이 유방암에 걸렸다. 그녀는 남편의 사업이 망하면서 지하의 작은 점포를 얻어 반찬가게를 하고 있었다. 어느 날 팔의 움직임이 둔탁하게 느껴지면서 통증으로 팔을 움직일 수가 없게 되자 병원을 찾았고, 검사결과가 유방암이라는 것이었다. 림프관을 통해 이미 많이 진행이 되어 수술은 힘들 것 같다는 청천벽력과도 같은 말을 듣게 되었다.

그녀는 수술도 받을 수 없다면 어떻게 해야 할까를 고민하게 되었다. 교회를 다니던 그녀는 "어차피 사람은 살다가 죽는 것이 당연한데, 마음을 편안하게 가지고, 살아있는 동안 하나님께 모든 것을 맡기고 자신의 할 일을 하겠다고 마음을 먹었다"라고 한다. 그런데 그동안 보이지 않았던 길가의 꽃이 눈에 들어오고 발밑의 작은 풀들이 눈에 들어오면서 그들이 만들어낸 조화로운 아름다움에 모든 것이 감사하다는 생각이 들었다고 한다. 무엇을 보아도 감동에 눈물이 났고, 당연하게 여겼던 그 모든 것들이 당연한 것이 아니었음을 느끼면서 온통 감사한 마음이 생겼다고 한다.

어느 날 같은 교회분을 통해 건강식품을 찾게 되어서 만나게 되었는데 자신에게 일어나는 그 모든 것이 자신을 살리려는 하나님의 뜻이라 여겨졌다고 한다. 무엇이 그녀의 병을 정상으로 돌아오게 했는지 그녀는 건강한 모습으로 다른 사람들을 위해 봉사도 하며 기쁘게 살아가고 있다.

나는 그동안 자신의 병마와 싸워 이겨내는 사람도 봤고, 초연하게 받아들여 마음의 준비를 하면서도 수시로 불안과 고통으로 자신의 마음을 주체할 수 없어 괴로워하는 사람들도 봤다. 어느 것이 나의 삶에 도움이 될 것 인가를 그들을 보면서 생각했다. 하지만 그 고통과 시련 앞에 초연해지기란 정말 쉽지 않다는 것을 잘 안다. 그러나, 한 가지 방법이 있다면 '감사하는 마음'이 아닐까 생각한다.

세상에서 나만 힘들다고 여긴다면 그것은 참으로 바보 같은 생각이다. 사느냐 죽느냐를 앞에 두고 있는 사람들을 대할 때 나는 모든 것을 내려놓듯 숙연해진다. 그 앞에서 무엇이 중요하다고 이야기를 할 수 있을까?

아픈 사람에게는 가장 큰 소원이 건강해지는 것이다. 건강을 위해서 수많은 돈과 시간을 써야 한다. 그러면서도 결국은 원하는 것을 놓아야 하는 경우가 많다.

하지만 지금 내가 건강하다면 건강해지기 위해 써야 하는 무한한 돈과 시간을 이미 벌어놓은 것이다. 그러니 이제는 내가 원하는 삶을 살기 위해 노력하면 되는 것이다. 이런저런 이유로 힘든 것은 나만이 아니기에 바보처럼 나만 힘들다고 생각하지 말아야 한다.

매사에 자신감을 가지고 행동하라

우연히 유튜브 영상에서 초등학생이 뜀틀을 넘는 장면을 보게 되었다. 10단을 쌓아 올린 뜀틀은 그 학생의 키보다 높았다. 처음은 가슴에서 두 번째는 허리에서 세 번째 역시 또 허리에 걸려서 넘지를 못했다. 결국, 눈물을 흘리면서도 다시 도전하는데, 친구들이 응원하기 시작한다. 네 번째 역시 걸려서 넘지를 못하자 친구들이 나와서 그 학생을 에워싸고 응원을 해주었다. 이후 다섯 번째 시도에서 그 학생은 자신의 키보다 높은 뜀틀을 넘게 되었다. 1분의 짧은 영상에서 깊은 감동을 느낄 수 있었다.

한두 번의 시도에서 이미 포기를 했을 법도 한데, 울면서도 해내려는 의지를 보며 모두가 응원했고, 그 응원으로 자신감을 얻어서 결국은 뛰어넘은 것이다.

마트에서 일할 때다. 계산대에서 계산도 해야 하고, 진열도 해야 했으며, 재고를 조사해서 전산에 입력했다. 각종 물류를 종류별 발주도 해야 하며 반품처리와 폐기처리까지 모두가 전산에 연관된 일들로 다양하게 얽혀 있다.

함께 일을 하던 동료가 있다. 그 친구는 죽을 고비를 넘기며 큰 수술을 여러 차례 받은 후로 기억을 빠르게 해내지 못한다. 그래서 한 번의 설명으로 일을 해내기가 쉽지 않았다. 주눅이 들어서 주저하던 일을 하나씩 익히기 위해 여러 차례 묻고 확인하며 끊임없는 노력을 한다. 그렇게 할 수 있는 범위를 하나씩 넓혀가면서 일을 해내는 모습을 보며 토끼와 거북이 이야기를 생각했다.

다들 수월하게 익히고 대수롭지 않게 여기는 일들을 그 친구는 그 하나하나에 온갖 신경을 쓰며 반복해서 익히고 알게 된 일이라서 소중하게 생각을 한다. 혹시라도 실수하게 될까 봐 확인도 몇 차례씩 하면서 완전한 자신의 것으로 만들어나갔다. 스스로 답답해했던 그 친구가 어느새 같이 들어온 동료보다 더 많이 업무를 파악했다. 이제는 반대로 그 친구에게 물어보게 되는 일도 생기게 되었다. 그 친구의 모습은 전과 다르게 자신감이 넘쳐 보인다.

할 수 없을 것 같았던 것을 해내며 얻어지는 것도, 자신의 일에 관련된 일을 능숙하게 만들어가며 얻어지는 결과도 자신감이다.

심판으로 첫 시합장에 임했을 때 나의 모습은 사시나무 떨 듯 떨리는 몸을 주체하기가 힘들었다. 몸과 마음이 너무 떨려서 호흡도 힘들었던 것을 기억한다. 하루가 어떻게 끝이 났는지도 모르게 끝이 났고, 긴장을 많이 했던 탓에 굳어있던 몸은 근육통으로 남게 되었다. 실수하지 않으려는 마음과는 다르게 실수 연발이었고, 점점 자신감을 잃어갔으며 소심해지기까지 했다. 그 상태에서는 목소리도 작게 나오고 상대가 그것을 인식하기 때문에 선수들에게 우습게 보일 수 있다.

그런 내 모습을 보던 선배가 딱해 보였는지 자신감을 가지고 하라며 "소신껏 배운 대로 하면 된다"라고 말했다. 처음에는 누구나 다 똑같다고, 뒤에 내가 있으니 자신의 사인을 보면서 하라고 했다. 지적만 하던 선배들 틈에서 그 위로가 되는 말 한마디에 자신감을 가지게 되면서 보이지 않던 선수들의 모습들이 조금씩 보이기 시작했다. 점차 실수도 줄어들고 목소리도 크게 나오게 되었다. 얼마나 고마웠는지 모른다.

그렇게 시작을 하고 전국 생활체육의 심판분과 부위원장으로 활동을 하게 되면서 나와 같은 심판원들이 있을 때는 자신감을 심어주기 위한 말을 하게 되었다. 자신감으로 임할 때와 그러지 못할 때와는 결과가 다르다는 것을 여러 차례의 경험으로 느꼈기 때문이다.

어렸을 때 할아버지께서 무릎에 앉히고 "신통, 방통, 오줌통, 똥통" 하며 토닥거려주셨다. 할아버지의 그 말은 노랫가락 같았고 나에게는 주문 같은 말이었다. "넌 무엇이든 잘한다"라고 말을 해주시는 것처럼 들렸다. 내가 무엇을 하던지 그저 대견하고 귀엽게 봐주셨는데 그런 할아버지 앞에서 노래도 하고, 내가 할 수 있는 재롱은 다 했던 것 같다.

나는 할아버지 앞에서는 무엇이든 할 수 있었다. 웃으며 박수 치고 토닥거려주시면 가사를 외우지도 못하는 노래들을 하게 된다. 물론 모르니까 내 마음대로 지어서 했을 것인데 그래도 잘한다고 해주셨다. 칭찬을 들으면 난 또 새로운 노래를 익혀서 하고는 했다. 그 당시 내가 따라 했던 노래는 김세레나의 '새타령'이나 '달타령', '꽃타령' 같은 것이었다.

할아버지는 그 당시 내가 할 수 있는 최대치의 능력을 끌어내 주셨다. 내가 하는 모든 것에 호응을 해주셨기에 난 더 많은 것을 하려고 했던 것이다. 결국, 그렇게 자신감이라는 것이 심어지는 것 같다.

초등학교에서 분단별로 청소를 했는데 장기자랑을 하는 분단은 청소를 제외시켜 주었고, 청소를 하기 싫었던 나는 매번 우리 분단 대표로 노래를 불렀다. 내성적인 성격 때문에 발표를 제대로 해본

적이 없던 내가 청소하기 싫다는 이유로 매번 노래를 불렀던 것은 아마도 할아버지 앞에서 해왔던 것 때문이 아닐까 생각한다.

몇 년 전, 해마다 8월에 진행되는 연수 과정의 강의였던 것으로 기억한다. 그 강사는 자신의 다양한 모습을 보여주면서 지금 자신의 마음은 어떨까를 물었다. 허리를 펴고 15도 위를 보면서 당당하게 걷는 모습에서는 자신감이 넘치는 프로의 이미지가 있었다. 반대로 구부정한 자세로 아래를 보며 터덜터덜 걷는 모습에서는 주눅이 들고, 의욕이 없는 무력감에 빠지는 듯한 느낌을 받았다.

마음을 대변하는 것은 그 사람의 자세다. 그리고 자세에 따라 마음도 변한다. 그동안 한 번도 인식하지 못했던 것을 강의를 들으며 알게 되었다. 자세를 바꾸면 마음도 달라진다는 것을, 움츠리고 있던 자세를 펴고 바른 자세를 취하면 마음도 금세 당당해지는 것이다.
생각을 해보니 아플 때는 똑바로 앉는 것이 힘들다. 어딘가 기대려 하고 누우려 하게 된다. 바른 자세 하나가 마음을 밝게 펴주는 역할을 한다면 '아픈 몸도 애써 바른 자세를 하려고 노력하면 긍정적인 마음으로 몸도 점차 좋아질 수 있는 것이 아닐까?' 하고 생각해봤다.

부동산 분양을 하다가 다른 현장을 찾는 기간이 길어지면서 녹

즙을 배달하게 되었다. 나를 대신해서 할 사람이 없다 보니 1년을 하게 되었는데 다리에 통증을 느끼고 있었다. 이른 아침 건물의 조용한 복도에서 나의 발자국 소리를 들었다. 그 소리는 엇박자로 왼발과 오른발의 옮기는 속도가 다르고 무게가 한쪽이 더 무겁게 느껴졌다. 걸음을 걸을 때 나의 자세를 관심 있게 본 적이 한 번도 없었다. 그런데 건물 복도를 걸으면서 앞 유리문에 비치는 내 모습을 보게 되었고, 소리로 들었던 것처럼 한쪽으로 중심이 이동되어 균형이 깨졌다는 것을 알았다.

다리가 아팠던 이유도 이것 때문일 수 있겠다 싶어서 자세를 고치려 애썼다. 나의 발자국 소리를 들으며, 또 비치는 나의 모습을 간간이 보며 걸을 때마다 의식하면서 걷기 시작을 했다.

분명하게 효과가 있음을 느꼈다. 다리의 통증이 조금씩 줄어들었다. 놀라운 발견을 한 것 같아서 너무 좋았다. 그리고 요구르트를 배달하는 분을 만나거나 다리가 아프다고 호소하시는 분을 만나면 이야기를 해주었다. 그들도 효과를 봤는지는 모르겠으나, 나는 이후 허리통증이 있어도 자세를 먼저 생각하게 되었다. 그리고 마음이 가라앉을 때도 자세를 먼저 생각했다.

마음의 자세와 몸의 자세는 하나로 이어진다. 자신의 몸과 마음에 무엇으로 채울 것인가는 자신의 몫이다. 영양이 풍부한 음식으로 채우면 몸이 건강해지지만 좋은 생각들로 채우면 마음이 건강해진다. 한 줄로 세워진 우리의 척추는 오장으로도 연결된다. 바른 자세는 건강에 중요한 역할을 하지만 자신의 마음에도 중요한 역할을 분명히 하고 있다.

성공한 사람들을 떠올리면 고개를 숙인 구부정한 자세와는 무관해보인다. 마찬가지로 노숙자들에게서 꼿꼿하게 바른 자세로 당당한 모습을 연상하기는 힘들다. 스스로가 가장 빠르게 할 수 있는 허리와 어깨를 펴고 자세를 바르게 하자. 그리고 고개를 들어 수시로 하늘을 보자. 긴장된 목의 근육도 풀어주면서 마음에 여유를 주고 당당함으로 자신감을 회복해나갈 수 있기를 희망한다. 매사에 자신감을 가지고 행동하는 것은 너무도 중요하기 때문이다.

자신을 움직이는 힘은
자신의 내부에 있다

"무슨 일이 일어나기를 기다리지 말고, 그 무슨 일이 일어나도록 당신이 직접 나서라. 자신의 인생을 경영할 수 있는 사람은 오직 당신뿐이다"라고 브라이언 트레이시(Brian Tracy)는 저서, 《혼자 힘으로 부자가 된 사람들의 21가지 성공비밀》에서 말한다.

나는 남편 때문에 내가 이렇게 힘들게 산다는 생각으로 열심히 원망하며 살았다. 이런 '남편 때문에'로 시작해서 무슨 일이 생기면 남 탓을 하는 것이 습관처럼 되어버린 자신을 발견하면서 소름이 끼쳤던 때가 있다.

일기를 쓰고 있던 나는 지난 일기를 보면서 간간이 남을 탓하는 내용에 놀랐다. 내 인생을 살면서 마치 나의 인생이 누군가에 의해 조정당하고 있는 것처럼 착각하게 했다. 내 생각에 문제가 있음을 느꼈다.

남편이 집을 나가고 1년이 넘도록 소식이 없어 남편을 찾던 사람이 있었다. 그 사람의 말을 듣고 있으면 나의 에너지가 소모되어 몸마저 힘들게 느껴지는 것을 여러 번 느꼈다. 분명 사람들에게 좋은 에너지와 나쁜 에너지를 주는 사람이 있다고 확실하게 느꼈는데, 나도 그와 다를 것이 없는 나쁜 에너지로 나 스스로 주입을 하고 있었다.

모든 상황은 내가 만들어놓고 남 탓을 하다니 정말 바보가 아닌가 싶었다. 그런다고 현실이 달라지는 것도 아닌데, 그저 잘못된 순간에서 도피하고픈 마음에서 남 탓을 하는 것이라면 나를 돌아보고 반성하는 것이 나를 위한 더 좋은 방법이었을 텐데 그동안 난 무슨 생각으로 살았던가 싶었다.

잘못된 생각으로 살면서 잘 되기를 바란다는 것이 참으로 어리석다는 생각을 하니 스스로 얼굴이 붉어졌다.

"무슨 일이 일어나기를 기다리지 말고, 그 무슨 일이 일어나도록 당신이 직접 나서라." 이 말을 곱씹어 생각하고 또 생각해본다. 내 인생을 살면서 내가 만들어가는 것이 너무도 당연한데 누군가가 나를 위해 무언가를 해주기를 막연하게 바라고 있었던 것처럼 나의 마음이 그랬다.

콩을 심은 곳에서 팥이 나올 수 없듯이 내가 뿌린 것을 반드시 거두는 것이 세상의 이치다. 내가 간절히 원하는 것을 얻기 위해 무엇을 뿌려야 하는지를 생각하고, 그것을 위해 그 무엇을 심게 되면 거기에 맞는 결과를 얻게 되는 것이다.

엄마는 "씨앗을 뿌리고 그 씨앗이 잘 자라게 하려면 그 조건이 맞아야 한다. 우선 흙을 밟아주고 물을 주어야 한다. 그러나 그 씨앗이 자라나지 못하게 하려면 땅을 파헤치고 물을 주지 않으면 그 씨앗은 말라 죽게 된다. 그 씨앗이 잘 자라도록 보살피는 일도 잊지 말아야 한다. 하지만 하루아침에 씨앗이 자라지는 않는다. 잘 자라는지 확인해보고 싶은 마음에 땅을 파헤치게 되면 그 씨앗은 결국 죽게 될 것이다"라고 말씀하셨다. 어떤 일이든 결과를 얻기까지 시간이 걸리니 너무 성급하게 움직이지 말라며 진득하게 기다릴 줄 알아야 한다고 하셨다.

모든 일에 성급했던 나에게 해주셨던 엄마의 말은 그저 다 잔소리 같았는데, 살면서 보니 하나하나가 내가 살아가는 데 필요한 지혜를 주신 것이었다.

우리 집은 마당에 펌프가 있었으며 목욕탕이 따로 있었다. 그 목욕탕 위에 장독대가 있었는데 모험을 좋아했던 나는 아이들을 이끌고 장독대로 올라가서 마당으로 뛰어내리기를 선보였다. 그리고 아이들이 따라 하기를 권유하며 뛰어내리게 했다. 그때가 초등학교를 막 입학했을 무렵이었던 것 같다.

겁이 나서 뛰어내리지 못했던 친구를 강제로 뛰어내리게 하다가 발목을 다쳐서 그의 엄마한테 야단을 맞았다. 그때 그 친구와는 놀지 말아야겠다고 생각을 했다. 은근히 약이 올랐기 때문이다. 구슬도 딱지도 모두 내가 빌려주고 같이 놀게 해주었는데 바보처럼 그것도 못 뛰어내리고 발목을 다쳐서 야단을 맞게 했다는 생각이 들었기 때문이다.

그때 나는 넘치는 에너지를 주체하지 못했던 것 같다. 밥 먹을 때만 가만히 있었다. 나는 건강 체질이어서 감기도 잘 앓지 않았는데 동네 수남이라는 남자아이가 내가 빌려준 구슬과 딱지가 마음에 들지 않는다고 밀어서 넘어졌다. 하필 우리 가게 문지방 중간에 박아놓았던 못대가리에 눈가를 찍혀서 피가 나온 때가 있었다. 눈알이 터졌는줄 알고 모두가 놀랐는데 다행히 눈 옆이었다. 그때는 병원을 가지 않고 집에서 그냥 처방하고 붕대로 한쪽 눈을 감고 있었다.
욱신거리며 쑤시고 아픈데도 술래잡기하는 아이들의 소리에 나가고 싶어서 견딜 수가 없었다. 눈치 보고 있다가 엄마 몰래 아픔을 무릅쓰고 나가서 땀이 나도록 뛰어놀다가 들어왔다. 또 한바탕 야단을 맞았다.

30대에 네트워크 마케팅 사업을 처음 시작했을 무렵, 나는 청주에 행사가 있어서 파트너들을 태우고 다녀오던 길에 차 고장으로 교통사고를 냈다. 다행히 모두 내려주고 오던 길에 나 혼자 있을 때 사고가 났다. 룸미러가 깨져서 파편이 얼굴에 튀었는데 어려서 다쳤던 눈가에 유리가 박히고 이마와 머리카락 사이로 유리가 박혔다. 병원에서 너무 과하게 붕대를 감아주어서 한쪽 눈만 간신히 내놓게 되었고 허벅지 근육 일부가 파열되어 통증이 심했다. 나는 그 상태에서도 출근을 했고 일을 했다.

모두 미쳤다고 이야기를 했는데 나는 그것이 맞다고 생각했다. 어려서 놀고 싶었던 그 마음도, 파트너들과 잡아놓았던 일정들과 나의 계획과 목표가 있었기에 그것을 지키려 했던 그 마음도 모두가 내게는 정상이었다. 아픔보다 놀고 싶다는 마음이 더 강하게 작용을 했던 것이고, 나의 목표를 이루고 싶다는 강한 마음이 나를 움직이게 했던 것이다.

에밀 쿠에(Emil Coue)는 저서 《자기 암시》에서 "명확한 목적이 있는 사람은 가장 험난한 길에서조차 앞으로 나아가고, 목적이 없는 사람은 순탄한 길에서 조차도 한 발도 나아가지 못한다"라고 했다.

어느 강의 중에 수레를 끄는 사람 이야기를 들었다. 수레를 끌다가 너무 힘이 들어 도움을 청하고자 지나가는 사람에게 부탁했다.

그래도 힘이 들어 또 다른 사람에게 부탁하려고 찾아 나섰다. 그 사이에 먼저 도와주던 사람은 가버리고 다시 둘이 수레를 끌게 되었다. 또 다른 사람을 찾으러 나서게 되면서 같은 일이 무한 반복된다.

하지만 묵묵히 자신의 수레를 땀 흘리며 열심히 끌고 있다 보니 지나는 행인들이 그 모습을 보며 돕겠다고 모여든다는 이야기다.

자신의 일에 몰두하고 최선을 다하는 모습에 사람들이 관심을 갖게 되고, 그 가운데 그들이 나를 인정하게 되는 것이 성공을 자연스럽게 다가오게 하는 것이라는 취지다. 성공은 결국 다른 사람들의 인정을 통해 얻어지는 것이기 때문이다.

나의 성공은 내가 만든 목적을 이루어내는 것이고, 나 자신의 목적을 이루려는 간절한 마음이 자신을 움직이게 한다. 자신을 움직이는 힘은 결국 자신 내부에 있는 것이다.

책을 읽으면 삶의 근육이 단단해진다

나에게 해결해야 할 심각한 문제가 있는데, 누군가의 조언으로 해결할 수 있는 방법을 알게 된다면 어떨까? 방법을 알려준 사람은 바로 신처럼 격상되며 감사와 존경의 대상이 될 것이다.

나는 개인적으로 건강식품을 아이템으로 하는 네트워크 마케팅 사업을 하면서 실명 위기에서 벗어날 수 있었기에 매우 긍정적인 생각을 하고 있다. 그래서 다시 찾은 미국 네트워크 마케팅 회사에서 많은 사람을 만나게 되었다. 사실 다시 찾았을 때는 부동산 분양할 때 고객의 부탁으로 건강식품을 찾다가 알게 된 회사다. 류머티즘성 관절염으로 일주일에 한 번 항암 약이 처방되는데 너무 힘들다며, 내가 영업을 하고 있으니 자기보다 정보가 더 많지 않겠냐며 알아봐달라고 부탁을 하셨던 터라 무시하고 지나칠 수가 없었다.

그리고 내게도 필요로 했던 상태였기에 적극적으로 알아보게 되었다.

제품력이 있으면 병원에서 손을 놓은 환자들이 마지막 심정으로 찾는 예도 있기에 내가 만난 고객 중 일부가 그랬다. 정말 싫은데 하필 암 환자들을 접하게 되었다. 너무 조심스러운 일이라서 신경을 곤두세울 수밖에 없었다.

아버지와 작은언니도 암으로 세상과 이별을 한 터라 마음이 좋을 수가 없었고 그렇다고 외면도 하지 못했다. 그래서 더 많은 것을 알기 위해 관련된 책들을 사서 밤낮없이 읽으며 도움이 될 만한 것들을 찾아 도와주고 있었다.

나의 목표와는 다르게 다른 노선으로 가고 있음을 알면서도 손을 놓을 수가 없었으며 나에게 도움을 청했던 그들이 한 명씩 세상과 이별을 할 때마다 나는 삶과 죽음에 관한 생각을 수도 없이 했다.

부인이 대장암인데 병원에서 "보험은 들었나요? 얼마를 받을 수 있나요?"라고 묻더란다. 1억 원을 받는다고 이야기를 해서인지 1억 원을 다 쓰니까 더 해줄 수 있는 것이 없다며 퇴원을 하라는데 그녀의 남편은 너무 암담하고 화가 나서 담당 의사 사무실을 엎어놓고 나왔다고 한다. 독한 항암제로 장이 터져서 꿰맸는데 옆이 또 터진 상태에서 퇴원하게 되었다고 한다. 나와 연결이 되어 도움을 요청했으나 도와줄 방법이 없었다. 3번의 짧은 만남 후, 3개월 만에 돌아가셨다. 정말 안타까웠다.

갑상선암 환자는 음성에서 꽃집을 운영하던 분인데 성당을 다니며 매우 긍정적인 분이셨다. 림프관을 통해 전이가 많이 진행되어 가고 있었다. 그분의 긍정적인 마음에 나는 책을 읽었던 부분 중 도움이 될 만한 내용을 복사해서 전달해드렸다. 마음을 편안하게 가지려 애쓰고 가벼운 산책과 음악 등 큰 노력 때문인지 암은 더 진행되지 않고 있었다. 그러던 어느 날 새벽 미사가 끝나고 나오던 길에 건축업을 하던 남편의 트럭에 사고를 당해 결국 돌아가셨다.

연결된 분들이 거의 음성 쪽에 계셨고 방앗간을 하던 분의 어머님께서 좋은 결과를 얻게 되면서 더 많은 분과 연결이 되었다. 그런데 암 환자가 왜 이렇게 많은지 종류도 다양하고 그들을 만나는 것이 반갑지가 않았다. 마음이 너무 힘들었기 때문이다. 몇 번을 거절도 했지만 결국 만나게 되면서 나의 정신적인 에너지가 너무 많이 소모되고 있었다. 몇 명의 사람들과 이별을 하게 되면서 나는 더는 그 일을 하지 않았다.

산다는 것이 너무 허무하게 느껴지고 도대체 어떻게 살아야 할지 많은 생각을 하지 않을 수가 없었다. 건강식품의 본질에서 벗어나 지푸라기 잡는 심정으로 만났던 그들은 어찌 보면 끝이 정해져 있던 만남이었을지도 모른다. 그러나 그들에게 진심으로 조금이라도 도움을 주고자 나의 편견 된 생각으로 잘못된 정보를 주게 될까 봐 나름 많은 책을 다방면으로 보면서 중심을 잡으려 애썼고 정성을 다했다.

사는 것이 죽음을 향해 가고 있는 것이라고는 하지만 그 죽음이 내 눈앞에서 여러 차례 일어나는 것은 나의 마음으로 감당하기가 너무 힘들었다. 나는 다시 또 책을 들었다. 모든 욕망이 사라지고 나의 갈 길을 잃었기 때문이다.

나는 좀 더 삶을 대하는 자세가 진지해질 수밖에 없었고 나 자신을 생각하는 일이 많아졌다. 무슨 일인가 해야 하는데 일이 손에 잡히지 않았다. 그들의 죽음을 보면서 뒤늦게 나를 찾는 과정이 시작된 것 같다.

그들과 함께 시간을 보내면서 내게 감사하다는 말을 들을 때 나는 나름 행복함을 느꼈다. 내 힘으로 어찌할 수 없는 부분으로 나는 마음을 아파했지만, 그들과의 만남이 내 인생에서 굳이 이루어진 것은 내게 필요함이 있었기 때문이라는 생각을 하게 되었다. 그래서 책을 보며 나를 돌이켜 보면서 생각을 하고 또 하고 내가 어찌 살아야 할지에 골몰했다.

나의 목적은 돈을 버는 것으로 시작을 했는데 지나고 보니 그들의 보호자를 대신한 보호자가 된 상황이었다. 그런데 후회되지 않는다. 겪을 때는 너무나 힘든 시간이었는데 그래도 누군가가 내게 고마워하고 나를 기다리고 나를 오히려 염려해주던 그들을 보면서 사람들에게 있는 깊은 무언가와 함께 보내온 것처럼 나의 마음에는 전에 없던 그 뿌듯함이 생겼다.

그것은 그동안 알지 못한 깊은 곳에 감춰진 '사랑'이라는 큰 보물이었던 것이다. 그 사람들과 함께했던 그 순간들이 내가 알아야만 하는 그 큰 사랑을 내게 주기 위함이었다는 것을 알게 되었다. 내가 어떻게 해야 할지 알 수 없을 때 나를 앞으로 나아갈 수 있게 해주었던 것이 나에게는 가까이에 책이 있었다. 정확한 나의 숙제를 완벽하게 풀지 못 했더라도 그래도 내가 그 순간 무엇을 깨닫고 알아야 하는지를 알게 해주었다.

삶은 원래 자연의 이치에 어우러지기에 모두에게 오는 태풍과 비바람을 피할 수가 없다. 그들과의 대화에서 마음의 상처가 있음을 알았고 그 상처로 여전히 힘들어했음을 알았다. 그것은 상처의 크기와는 상관이 없었다. 그런 그들을 보며 마음의 상처가 큰 짐이 되어 자신의 몸을 아프게 만들었다는 생각을 했다.

자연의 이치에 따라 겪는 것이어야 한다면 그것은 자연스러운 일이니까 너무 아파하지 말았으면 한다. 자신의 상처는 자신이 가장 잘 알기에 자신을 충분히 사랑해주고 많이 웃을 수 있도록 해주고 그 웃음으로 자신을 행복하게 만들어주기 바란다.

나는 그들과 함께하는 시간 내내 책도 같이 읽어야 했다. 어쩌면 그들과 그리고 책과 함께 했던 그 시간이 나의 삶에 단단한 근육을 만들어주었다는 생각을 한다.

어느 시인의 말이 생각난다. 어느 날 글을 쓰다가 마당에 나왔는데 전에 느끼지 못했던 향기가 나더란다. 그 향기로 새삼 소나무의 존재를 생각하게 되었고, 유난히 진한 향기로 무슨 일인가 했는데 간밤의 태풍으로 나뭇가지가 부러져 있더란다. 나무의 상처가 향기를 뿜어내게 했다.

그때 문득 "사람은 몸에 상처를 입으면 저런 향기가 나지 않는데, 나무는 상처가 나니 참 좋은 향기를 뿜어내는구나. 하지만 사람도 향기가 느껴질 때가 있는데, 그것은 여러 차례 정신적으로 힘든 역경을 견디고 이겨낸 사람들에게서 풍긴다"라는 생각을 했다고 한다.

책에는 이처럼 향기 나는 사람들의 이야기들이 가득하다. 자신이 겪는 고통이 가장 큰 것으로 생각되나 실제로 나보다 더한 고통을 겪으면서도 자신의 삶을 잘 살아내는 사람들의 글을 읽으며 자신에게도 그와 같은 향기가 있음을 알고 그 향기를 다른 이에게도 나눌 수 있기를 희망한다.

조선시대에는 나라에 크게 도움이 될 만한 선비를 골라 독서휴가인 사가독서(賜暇讀書)를 받아 주었다고 한다. 세종 때에는 신숙주와 성삼문 등이 사가독서를 받아 절에 들어가 책을 읽었다는 내용도 기록으로 남아 있다.

휴가까지 주면서 책을 읽게 했던 이유는 "좋은 책을 읽는다는 것은 몇백 년 전에 살았던 가장 훌륭한 사람과 대화하는 것이다"라는 르네 데카르트(René Descartes)의 말에서 알 수 있다.

책 속에 담겨 있는 많은 지식과 지혜들은 우리의 삶의 근육을 단단하게 해준다.

성공도 실패도 우연이 아니다

나는 시간을 자유롭게 쓰고 싶다. 경제적으로 구애받지 않으며 늘 여행도 다니면서 사는 것을 원한다. 언제든 내가 하고 싶은 것은 할 수 있는 삶을 바라고 있었기에 성공을 원했다.

수많은 도전을 했지만 도전한 만큼 실패했다. 이유를 파악해볼 생각도 없이 실패했던 방법으로 도전을 하고 또 하고 반복을 하면 할수록 몸도 마음도 경제적으로도 더욱 힘들어지기만 했다. 콩 심은 데, 콩이 나듯 성공하는 방법으로 했다면 반드시 성공했을 것이다. '성공'이라는 단어는 두 개의 글자지만 내게 성공하기 위한 방법은 크게 한 가지라고 생각을 한다.

나는 그동안 일을 하면서 실패했던 원인을 외부에서 찾았고, 남

탓이라고 빈번하게 말을 하며 잠재되게 했다. 그러면서 그동안의 반복되었던 실패로 의심을 가지게 되었다. 겉으로는 성공을 외치지만 내면에서는 나의 성공을 의심하고 있었던 것이다.

성공을 외치며 계획을 세운다. 조금 큰 목표를 정해야 한다는 말에 큰 목표를 정하면 '그걸 할 수 있겠어?'라고 내면에서 이야기한다. 그리고 지금의 내 현실과는 동떨어져 있는 괴리감으로 자신감은 점점 떨어지게 된다. 그 괴리감이 생기지 않으려면 목표는 작아지고, 작아진 목표는 나의 양에 차지 않게 된다. 이러한 것을 수도 없이 반복하면서 결국 나는 성공을 할 수 없었다.

뒤늦게 나는 나의 의식을 바꾸어야만 한다는 것을 알게 되었다. 내 내면에는 부정으로 가득 차 있다는 것을 알지 못하고 긍정을 외치면 어느새 또다시 나의 성공을 의심하고 있는 나를 보면서 마음이 헷갈리기도 했다. 그런 것이 수차례 반복적으로 일어나는데 구체적인 이유를 알지 못했기에 남들보다 더 많은 시간을 투자하고 노력을 하면서도 결과는 매번 원하는 것을 얻지 못했다.

작은언니가 아플 때 우리 집에 다녀간 사람이 나의 손금을 보며 이야기를 했다. "산 넘어 산이고 강 건너 강이다." 고등학교 3학년이었던 나에게 그 말이 깊게 내 잠재의식에 내재되었던 것일까? 그 말은 험난한 삶을 예고한 듯 인식되었다. 결국, 나는 그렇게 되었으며 힘들 때면 이 말을 떠올리고 있었다.

힘든 삶을 벗어나려 애쓰면 애쓸수록 나의 발목이라도 잡듯이 다시 끌어내리고 또 끌어내린다는 생각을 멈출 수가 없었다. 그 모두를 남 탓을 하며 살면서 무엇이 잘못되었는지를 모르고 있었던 것이다.

지혜롭기로 소문이 난 스님의 이야기가 있다. 스님의 말문을 막히게 하겠다고 새를 잡아서 손에 쥐고 온 아이가 스님께 묻는다. "이 새가 살았을까요? 죽었을까요?"라고 묻자 "그야 너의 마음에 달려 있지. 내 입에 달려 있지 않단다." 이 새가 죽었다고 하면 살려 보내고, 살았다고 하면 죽일 생각이었다. 스님의 대답을 듣고 놀란 아이는 자신의 고민을 이야기했다. "엄마가 자신의 점을 보셨는데 출세를 못하고 엉망이래요" 하자 스님은 아이의 손을 잡고 생명선과 감정선 등 손금에 대해 알려주며 물었다. "너의 손을 쥐어 봐라. 내가 알려준 그 손금이 어디에 있느냐?" "제 손안에 있지요." "그래 너의 운명은 누구의 입에 있는 것이 아니고 바로 네 손안에 있단다." 모든 일의 원인은 밖에 있는 것이 아니라 나 자신의 내면에 있다는 것을 알게 되었다.

2008년이었던 것 같다. 역도 선수인 장미란 선수의 훈련과정을

TV에서 보게 되었다. 훈련 중 눈을 감고 자신이 무대에 올라가는 모습부터 세세하게 머릿속으로 그리며 자신이 역도를 들어올리는 모습과 사람들의 박수를 받으며 메달을 받는 모습까지 상상하는 것이었다.

그 때는 아무 생각 없이 보게 되었는데, 요즘은 그것이 얼마나 중요한 방법이었는지를 깊게 느끼고 있다. 어느 책에서는 자신이 운동을 하고 있는 상상만으로도 근육이 운동할 때와 같은 변화를 준다고 과학적으로 밝힌 내용도 봤다.

그것을 통해 나의 상상과 생각이 얼마나 중요한지를 알게 되었다. 그리고 혼자 중얼거리는 말은 자신의 내면에 영향을 준다는 내용의 글도 보게 되었는데, 그 때문에 나는 혼자 중얼거리는 것도 인식하게 되었다.

일을 하다가 상대가 일하는 것이 눈에 거슬리게 되면 혼잣말로 욕하며 "일을 이렇게 밖에 못하나? 이게 일을 하는 거야? 자기네 집에서나 할 짓을 일하면서 하네"와 같은 말들을 하고 있다는 것을 알았다. 정말 놀라웠다. 이후 인식될 때마다 나는 "감사합니다"라는 말을 빠르게 되뇌었다. 그러면서 "감사합니다"라는 말 한마디가 나의 부정적인 생각을 자연스럽게 지워준다는 것을 알게 되었다.

모든 성공과 실패는 절대 우연이 아니다. 나는 부정적인 생각으로 실패의 씨앗을 자신도 모르는 사이에 내면 깊숙이 심어놓고, 심지어 그 씨앗이 잘 자라도록 늘상 곱씹어주면서 스스로에게 상기시켜주기까지 했다. 그래서 절대 성공할 수 없도록 자신의 의식을 갉아먹고 있는데 그조차도 모르고 있었다.

이런 것에서 벗어나고 싶었다. 그러나, 그 방법을 알지 못했다. 나와 같은 실수로 실패의 길을 가지 않기를 바란다. 하지만, 만약 그것을 인식했다면 그것만으로도 성공할 수 있는 충분조건이 될 것이라고 생각한다.

네빌 고다드(Neville Goddard)는 저서, 《상상의 힘》 중에서 "중요한 것은 결말의 관점에서 생각하는 것입니다. 그것은 자신의 생각과 그 상태를 하나로 융합해 그것 자체가 됨을 의미하기 때문입니다. 여러분은 소망이 이루어진 상태를 상상하고 그 상태와 사랑에 빠지고 그 상태에서 살고 그 상태에서 생각하십시오. 다른 것은 필요 없습니다"라고 했다.

즐거운 여행을 계획할 때 여행을 계획하는 순간부터 들뜨고 기분 좋은 것을 경험해봤을 것이다. 미래의 시간을 당겨서 즐거울 것을 상상하니 지금 기분이 좋고 들뜬 마음을 가지게 된다.

마찬가지로 자신의 목표가 이루어져서 자신이 기뻐하는 모습을 미리 보는 것이다. 이렇게 하는 것을 반복적으로 하게 되면 자신의 성공을 의심 없이 바라보게 되고, 성공을 전제하에 움직이는 나의 행동에는 전보다 더 큰 자신감과 용기로 바뀌게 된다. 그 가운데 창의적인 생각도 더 활발하게 일어나게 되면서 자신의 상상과 가까워지고 있음을 느끼게 될 것이다.

시간은 현재에서 미래로만 가는 것이 아니다. 미래에서 현재로도 올 수 있음을 알아야 한다.

모든 성공과 실패는 우연이 아닌 자신이 만들어내는 것이다.

세상에서 얻는 것만큼
중요한 지식과 지혜는 없다

《초인 대사들이 답해주는 삶의 의문에 관한 100문 100답》 중에 "삶을 통한 교훈을 배우기 위해 살고 싶어 하는 삶을 스스로 선택하게 된다"라는 말이 있다.

"인간의 삶은 복잡합니다. 또한, 삶은 도전적입니다. 삶은 확실히 여러분들에게 영적으로 성장할 기회를 제공합니다. 지구를 훈련학교라고 생각하세요"라는 내용이 나온다. 깨달음을 얻기 위해 자신의 삶을 선택했고, 그 삶 속에 시련들도 이미 계획 아래에 이루어지는 것이라는 내용이다. 우리는 그 안에 내가 얻고자 하는 깨달음을 알 수 있어야 한다.

이런 내용을 생각해보면 결국 우리가 살면서 나이를 먹는다는 것은 그냥 나이가 아닌듯하다. 나이를 먹는다는 것은 '나잇값'을 하는 것이라는 생각을 한다. 그것은 살면서 얻어지는 지식과 지혜가 있고 그것을 얼마나 많이 얻느냐는 각자 자신에게 달려있다.

'나이를 헛먹었다'라는 말은 결국 '나잇값'을 못한다는 말이 아닐까 싶다. 오래 살았다고 모두가 다 똑같이 깨닫지는 않는다. 나이만 먹었지 애만도 못한 경우가 있기에 이런 말이 나오는 것 같다.

어느 날 손주도 있는 중년 여성이 하는 행동을 보면서 생각을 하게 되었다. 이기적인 행동과 말들은 주변 사람들이 눈살을 찌푸리게 하면서, 마음을 상하게 하는데 전혀 아랑곳하지 않는다는 것이 이해되지 않았다.

세상에서 가장 불쌍한 사람이 '나잇값'을 못하는 사람이라는 생각을 하게 했다. 나이가 들어서 자신보다 어린 사람들에게 손가락질과 욕을 얻어먹는다는 것이 참으로 안타깝고 불쌍했기 때문이다. 그때 생각을 해봤다. 나는 '나잇값'을 잘하고 있는 걸까?

'나이'는 그저 시간의 흐름만을 이야기하는 것이 아니라는 생각을 한다. 한 해 동안 모진 비바람을 겪은 흔적으로 나무의 테를 만들게 한다. 나무는 나이테가 하나씩 더해지면서 기둥이 굵어지고 점점 거목이 되어 더 큰 그늘을 만들어준다.

사람은 나이테가 아닌 '나잇값'이라는 것이 주어진다. 그 '값'에는 많은 의미가 있을 것이라는 생각을 한다. 피해갈 수 없는 삶의 풍파 속에 깨달음으로 얻어진 지식과 지혜는 그 사람의 마음에 담기지만, 보이지 않아 그 깊이와 넓이를 알 수 없는 마음 그릇을 측량하는 것이 '값'이 아닐까 하는 생각을 한다.

그 '값'은 사람이 나이가 들수록 강해질 수 있게 해주고, 모든 삶이 아름다운 이유를 만들게 한다. 서로 다른 것을 겪으며 각각 다른 분야에서 성공한 사람들의 견해가 공통적인 것을 보면 깨달음으로 이르는 것은 같은 것 같다.

나는 어려서부터 가장 많은 시간을 함께했던 엄마를 생각한다. 어떤 일이 생기면 이럴 때는 '엄마는 어떻게 하셨을까?'를 생각한다. 엄마는 학교에 다니지 못하셨지만, 읽고 쓰는 데 문제가 없었으며 계산도 모두 하셨다. 그리고 간단한 영어도 알고 계셨다. 엄마는 위로 언니 두 명과 남동생 두 명이 있다. 남동생들만 서당과 학교에 다녔고, 엄마는 동생들의 책을 통해 혼자서 공부를 하며 익혔다고 한다.

나는 그런 엄마가 늘 자랑스러웠다. 아마도 정상적으로 배움을 가졌다면 정말 총명해 많은 사람에게도 더 큰 도움을 주셨으리라는 생각을 한다. 엄마의 어렸을 때 이야기를 들으면 상당히 짓궂고 궁금한 것이 많았던 것 같다. 재치와 위트가 넘치는 엄마와의 대화는 재미있고 참 좋았다.

엄마가 늘 하셨던 말씀은 "좋은 생각의 끝은 있으나 나쁜 생각의 끝은 없다. 어떻게 해야 할지 모를 때 항상 기본에서 생각하면 잘못될 일이 없다"이다. 엄마는 생각을 가장 중요하게 말씀하셨다. 좋은 생각은 좋은 말을 하게 되고, 그 말이 씨가 된다고 하셨다.

그리고 "내가 남을 볼 때 허물이 보이듯이 남도 나를 볼 때 보일 것이다. 그러니, 상대를 탓하고 흉을 보기보다는 그를 통해 나에게도 그와 같은 허물이 있는지를 먼저 살피고 알아야 한다."라고 하셨다.

엄마가 돌아가시고 어찌해야 할지 판단이 어려울 때나 삶이 버겁다 느낄 때 수시로 떠올리게 된다. 엄마는 세상에서 가장 아름다운 향기를 품고 계셨고, 나에게는 정말 큰 기둥이셨다. 모진 풍파를 겪으면서도 우리에게 주셨던 사랑은 점점 더 커지기만 했다.

엄마의 모든 지혜를 내가 다 알 수는 없으나 나도 엄마에게 받은 그와 같은 사랑과 지혜를 우리 아이들에게 줄 수 있는 엄마가 되고 싶다.

사람들이 힘이 들 때는 자연을 찾게 된다. 그 안에서 편안함과 평온함을 느낄 수 있기 때문이다. 이런 자연이 아름다운 것은 사랑을 품고 있기 때문이 아닐까 생각한다. 엄마가 자식에게 주는 그 조건 없는 사랑처럼 누구든 가리지 않고 말없이 안아주는 것을 보면….

일하면서 만나게 된 사람들의 이야기를 들으며 느낄 수 있었던 것은 사연이 없는 사람이 없다는 것이다.

건물청소를 하며 빚도 갚고 집을 3채를 산 아주머니가 계셨다. 악착같이 돈을 벌지만, 자신을 위해서 쓰는 일은 거의 없어 보였다. 하지만 그분은 주변의 어려운 사람을 돕는 일에는 자신이 가진 것을 아끼지 않았다.

처음 청소를 할 때는 속으로 욕을 많이 했다고 한다. 자신이 만족할 만큼 깨끗하게 청소를 하고 돌아서면 얼마 지나지 않아 화장실이 더러워졌기 때문이었는데, 어느 순간 '이러니 내가 할 일이 있지'라고 생각하니 그것마저도 고맙다는 생각이 들었다고 한다. 청소하던 건물에는 부동산 중개사무소가 있었는데, 그곳에 손님이 없을 때는 일부러 들어가서 청소도 해주고 이야기를 하면서 자연스럽게 주변 정보를 얻게 되었다고 한다. 그렇게 정보를 얻고 여러 차례 답사하며 궁리를 하다가 한 채씩 집을 사게 된 것이 3채라고 한다.

제법 시세도 나가는 집을 살 수 있었던 그분은 더 일하지 않아도 되는데 아직도 그 일을 계속하고 있다. 나는 그분을 프로라고 생각한다. 긍정적인 생각을 하는 것도 프로고, 정보를 얻고 투자를 하는 것도 프로고, 청소도 프로다. 무엇보다 자신의 인생을 잘 살아내고 있는 프로다.

각자 저마다 삶의 지혜를 얻어 마음이 풍요로워진 사람들과의 대화에서는 많은 것이 공감되며 배우게 된다. 운동할 때 설명으로만 들으면 금세 잊어버린다. 하지만 몸으로 직접 익힌 것은 쉽게 잊지 않는다. 이처럼 세상에서 얻는 지식과 지혜만큼 중요한 지식과 지혜는 없다.

- 4장 -

내 인생 최고의 하루는
오늘이다

BE Happy

내일의 모습은 오늘을
어떻게 사느냐에 달렸다

부동산 분양업에 3년간 일할 때였다. 분양이 다 끝나면 새로운 곳을 찾을 때까지 시간이 있었다. 그렇게 쉬게 될 때는 종일 TV에서 사극을 몰아봤다. 하나의 사극을 시작부터 끝까지 보고 나야 다른 일을 했었다. 일하는 동안에는 일에만 신경 쓰다가 쉴 때면 거의 폐인에 가까웠다.

3년을 이처럼 반복을 하다가 어느 순간 TV를 없애버렸다. 적막해진 집에 적응이 힘들었다. 뭔가 잃어버린 듯 허전했다. 그러다가 핸드폰으로 〈애니팡〉 게임을 하게 되었다. 내가 유일하게 했던 게임이다. 시간이 얼마나 흘렸는지 생각하지 않고 게임을 했다. 그러나 게임을 하고 나면 언제나 허탈감에 빠졌다. 오히려 그 허탈함으로 안절부절못하는 나를 발견하고 게임 앱을 삭제해버렸다.

그동안 TV를 보고 핸드폰의 게임을 하던 나는 얼마나 많은 시간을 죽이고 있었는지, 모두 없애고 나서 실감하게 되었다. 다른 무언가 대체할 것을 찾다가 아들이 읽어보라고 주었던 책들을 읽기 시작하며 한동안 놓고 있었던 책을 다시 가까이 하게 되었다.

역시 그 어떤 것을 할 때보다 가장 마음이 만족스러웠고, 시간이 아깝다는 생각에서 벗어날 수 있었다. 하루의 휴식을 나에게 주는 선물이라 여겨 그 시간을 귀하게 생각하고 보냈던 나를 다시 떠올리게 되었다. 그때보다는 조금 편해졌다고 마음이 해이해지고 있음을 반성했다.

나는 늘 열심히 산다고 생각했는데 원하는 것만큼 잘살 수 없는 이유가 무엇인지 냉정하게 생각해봤다. 스스로 적당한 타협으로 적당한 편안함을 원했기 때문이라는 생각을 했다. 내가 원하는 삶으로 살고자 하면 그 도전으로 나를 귀찮게 움직이게 해야 하고 하기 싫은 일을 하게 해야 하는데 그 모든 것이 싫어서 적당히 편안함을 선택한 결과인 것이다. 어제, 오늘과 내일을 변함없이 생각하고 행동하며 산 것이 원인이다. 열심히는 살았지만 제대로는 살지 않았다는 결론이다.

늘 같은 생각과 같은 방법으로 익숙함을 추구하며 변화를 일으킬 수 없었음을 경험하면서, 반복되는 나의 꿈과 현실의 차이에 큰 괴리감으로 좌절하고 있는 꼴이었다.

어느 날 유튜브를 보다가 〈브리튼즈 갓 탤런트〉에 나온 열세 살 소년 단테를 봤다. 그 소년은 뼈가 쉽게 부러지는 병이 있는데 벌써 97개의 뼈가 부러진 상태라고 한다. 작은 체구의 몸으로 휠체어에 앉아 자신이 만든 노래를 들려주었다. 자신에게 미안해하지 말라는 말로 시작을 하는 노랫말은 위트가 섞여 있어 듣는 사람들을 웃게 했다. 그 노래는 자신이 보는 것보다 강하다는 내용이었다.

본인의 상황에 좌절하지 않고 자신의 강한 의지를 보여준 노래로 사람들을 감동시켰다. 단테의 표정은 해맑게 웃으며 행복해보였다. 그의 표정에서 늘 그렇게 웃어온 얼굴임을 알 수 있었다. 얼굴의 근육도 쓰는 대로 발달을 하기 때문이다.

단테의 소망은 오로지 엄마의 행복이다. 엄마의 행복을 위해 자신을 행복하게 만드는 방법을 터득한 듯이 보였다. 여리고 작은 몸은 "난 행복해요"라고 말을 하는 것 같았다. 그의 모습은 나에게도 큰 감동이었다.

엄마의 행복을 위해 엄마에게 집을 선물해주고 싶다는 생각 하나만으로 그 무대에 서는 것을 계획했고, 그러기 위해 자신이 할 수 있는 방법을 연구했다. 그리고 노래를 만들어서 무대에 오를 수가 있었다. 그의 행동은 많은 사람의 마음을 움직이게 했으며 자신의 삶에도 큰 변화를 가져다주었다.

바로 이런 변화를 주려면 지금 내가 하고자 하는 일과 해야 할 일이 분명해야 하며, 당장 그것을 위한 나의 행동이 있어야 한다.

우리는 모두가 변화를 원한다. 해마다 하는 일은 목표와 계획을 세우고 실행을 해보지만 결국 작심삼일(作心三日)이 되고 마는 경우가 많다.

하고 싶지만, 안 해도 그만이다 싶은 것은 그만큼 간절함이 없는 것이다. 하지만 너무도 간절한데 작심삼일이 된다면 목표와 실행에 있어 지금 단계에 해야 할 일이 아니기에 너무 무리한 것이 아닐까 하는 생각이다. 지금까지 내가 해왔던 것이 아마 그랬던 것 같다. 목표를 달성하고 싶다는 급한 마음에 지금 단계의 것이 아닌 다음 단계에 해야 할 일을 지금하면서 스스로 안 된다는 생각에 손을 놓게 되는 것이다. 그러면서 점점 편안함을 찾게 되면서 몸은 여기 있는데 생각은 다른 곳에 있으니 늘 괴로웠던 것 같다.

그래서 계단을 밟아 올라가듯이 한 계단씩 오르는 것을 연습해야 한다. 그렇게 하면서 체력이 생겼을 때는 두 계단도 뛰어오를 수 있게 되는 것처럼 체력을 키울 수 있도록 자신의 목표를 보고 거기에 맞는 단계적인 계획을 세우는 것이 중요하다는 생각이다.

직장생활을 하며 영어를 올해는 꼭 하겠다며 계획을 세우더니 결국은 해낸 친구가 있다. 그 친구는 시간이 늘 부족했기에 자투리 시간을 활용했는데 핸드폰에서 앱을 하나 깔고 그것을 출퇴근 시간을 이용해보면서 습관을 만들었다. 몇 개월간 꾸준히 하면서 영어로 된 동화책을 한 권을 사서 그 책을 외우기 시작했다. 그리고 다른 영어 교재를 한 권 사서 그 책을 통째로 씹어 먹듯 외우기 시작하더니 이제는 어느 정도 듣고 말하면서 대화를 하게 되었고, 그것으로 자유롭게 해외여행을 다녔다. 결국, 자신이 그토록 좋아하는 여행을 하면서 돈을 벌 수 있는 여행사에 취직했다.

그 친구를 보면서 참 독하다고 생각을 했는데 적어도 무언가 하고자 하는 뜻을 두었다면 그 친구처럼 강한 의지와 끈기가 있어야 함을 느꼈다. 안 되는 이유를 찾기보다는 될 수밖에 없는 방법을 찾아가며 노력하는 것이 진짜 성공이라는 생각을 했다.

하루 똑같은 시간을 보내지만, 그 시간을 활용하는 것은 모두가 다르다. 같은 직장생활을 하더라도 이 친구처럼 다른 시간을 만들어 자신에게 투자한다면 다른 결과를 만들어낸다. 바쁘더라도 다른 내일을 위한다면 다른 시간을 보내야 하는 것은 당연하다. 내일을 꿈꾼다면 꿈꾸는 내일을 위해 지금 내가 해야 할 그 일을 해야 하는 것은 진리다. 아무것도 하지 않으면서 다른 내일을 기대하는 것은 누가 봐도 도둑놈 심보가 아닐까? 아마도 내가 그 도둑놈 심보로 살았던 것 같다.

인생에서 가장 소중한 날은
오늘이다

    초등학교 다닐 때 나에게는 같은 동네에 친한 친구가 있었다. 우리는 하루에도 몇 차례씩 서로의 집을 오가며 놀았다. 그림을 그리고, 공기놀이와 줄넘기를 하고, 숙제도 같이하며 지냈던 시간이 너무 즐겁고 행복했다. 우리에게는 각자 꿈은 있었으나 미래를 생각하며 걱정하는 일은 없었다. 마치 오늘이 마지막 날인 것처럼 헤어지는 것이 아쉬워서 서로의 집을 데려다준다는 핑계로 같은 골목을 수차례 반복해서 오간 후에 각자 집으로 돌아섰다.

    다음 날이 되면 우리는 오늘 처음 만난 것처럼 반갑고 즐거운 마음으로 학교를 같이 갔다. 다녀와서 또 반복된 하루를 보냈다. 하루 해가 지고 늦은 시간까지 함께하며 각자의 꿈을 이야기할 때도 아무런 의심이 없었고, 마치 당장 그 꿈을 이룬 사람처럼 행복해했다.

우리는 완전한 오늘을 살았고, 그 순간의 행복으로 날마다 웃음이 가득했다. 결혼하고 사랑스런 아들과 딸을 보면서 모든 것을 다해주고 싶었다. 하지만 마음만큼 다 해주지 못하는 형편에 미래를 위한 오늘의 인내를 강요하며 살게 되었다. 아이들을 행복하게 해주기 위해서 돈을 많이 벌고 잘 살고 싶었다. 그래서 엄마의 손이 가장 많이 필요로 하는 그 순간에 나는 아이들의 희생으로 미래를 사려고 했다.

현재에 '미래를 위한 희생'이라는 이름표를 붙여놓고, 지금의 행복을 모두 뒤로 미루어놓고 엄마에게도 아이들에게도 희생을 감수하게 했던 것이다.

나는 우리 가족이 더 많이 행복할 수 있는 시간을 임의로 뺏어버리는 잘못된 생각을 했었다. 지금 이 순간이 행복해야 미래도 행복할 수 있다는 것을 모르고 살았다. 《1700년 동안 숨겨진 절대 기도의 비밀》을 읽기 전까지는 몰랐다. 나의 느낌이 나의 기도라는 것을 말이다.

"마음속 깊숙한 곳에 자리한 감정과 생각이 에너지 장을 통해서 관계와 일과 건강의 형태로 드러난다."

"감정이 기도이고 우리가 항상 어떤 감정을 느끼고 있다면 우리는 항상 기도를 하고 있다는 뜻이다."

그러나 나는 이 말을 믿고 싶지 않았다. 나에게 닥친 현실들이 모두 꿈이었으면 좋겠다는 생각을 했었다. 누구도 대신할 수 없는 상황에서 누군가 대신 해결해주기를 바라고, 회피하고픈 생각들로 세상과 겉도는 듯한 나의 환경을 극도로 원망했다. 하지만 고스란히 내가 감당을 했어야 했고, 그 안에서 나의 생각들은 점점 하나로 집중되고 있었다. 원망이다. 그런데 책의 말대로라면 이 모두가 내가 기도를 하고 있었던 꼴이었다.

너무나 끔찍했다. 그 몇 년을 곱씹어가며 했던 이런 마음이 모조리 나의 기도가 되었던 것이라면. 그 힘들었던 상황까지도 나의 기도응답이었다면, 도대체 어디서부터 마음이 잘못된 것이었을까를 생각했다.

나는 분명 어려서 친구와 나의 미래를 그리며 생각하고 놀 때 한 치의 의심도 없었고 두려움도 없었다. 세상의 모든 것이 나의 것 인양 나는 행복하기만 했고, 모든 것이 다 자신이 있었다.

작은언니가 아플 때 우리 집에 다녀간 분의 말에서부터였을까? 고등학교 다닐 때 나의 손금을 보며 "산 넘어 산이고 강 건너 강"이라고 했던 말에 나는 무척이나 신경이 쓰였다. 분명 좋은 말은 아니었기 때문이다. 대수롭지 않게 생각을 하면서도 신경이 쓰였던 나는 조금씩 두렵다는 생각을 했었다. 그런 두려운 생각이 나의 이런 힘든 삶을 내가 스스로 만든 계기가 된 것이라면, 내 탓이 아닌 남편 탓으로 돌려 마음이라도 편하려고 했던 나는 도대체 무엇일까?

너무나 혼란스러웠다. 결국은 모든 것을 다 내가 만들어놓고 남편 탓만 한 꼴이 되는 것이다. 도망가고 회피를 하며 내 잘못이 아니라고 이야기하고 싶었던 순간들이 모두 내가 만든 결과라니 결코 인정하고 싶지 않았다.

아이들 책을 영업하던 시기 나의 마음은 남편이 생활비를 벌어다 주지 않는 것에 대한 원망이 가득했다. 일하며 남들과 수시로 비교를 하게 되면서 미운 마음도 점점 더 커지고 있었다. 그러던 중 남편의 빚을 알게 되면서 나의 얼굴은 더 굳어졌고 웃음마저 잃었다. 그런 나의 얼굴은 늘 어두웠고 얼굴에는 기미가 까맣게 덮고 있었다. 보는 사람들마다 세상 근심을 혼자 다 하는 것 같다는 말을 듣는 것이 인사였다.

남편에 대한 원망은 하늘을 찌르듯 더 해졌다. 그런 상황을 해결하기보다 한탄만 하며 날마다 술을 마시며 내게 시비를 하는 남편의 모습은 속에서 열불나게 만들었다. 심한 스트레스는 나의 눈으로 와 급기야 실명 위기까지 오게 된 것이다. 다행히 나의 눈은 건강을 찾을 수 있었지만, 뜻하지 않은 남편의 죽음으로 나의 모든 감정은 시간이 많이 지나면서 새롭게 다시 일어나기 시작을 했다.

그동안 남편이 잘못했던 것은 점차 잊혀지고 나의 잘못만이 더 생각이 나면서 미안함과 안타까움과 애틋한 감정들이 생기는데 왜 모든 것은 지나고 나서 알게 되고 지나고 나서 후회를 하게 되는 것인지 그 어리석음이 또 나를 괴롭혔다.

생각해보면 그 당시 나는 좋은 생각보다 부정적인 감정으로 원망하고 미워하는 마음이 극에 달했다. 그런 모든 것이 마치 내가 자석이 되어 끌어당긴 것처럼 더 나쁜 상황으로 몰아가고 있었던 것이었다면, 걷잡을 수 없는 나의 마음을 돌이켜 조금이라도 긍정적인 생각을 할 수 있었다면 상황은 달라졌을까?

"손바닥도 부딪쳐야 소리가 나듯 똑같으니까 싸웠을 것이다"라는 생각을 했다. 남편을 일방적으로 미워하면서 남편을 원망하던 것이 나의 부족함을 가리는 방패로 여기며 그것을 일삼아 살았다는 생각을 뒤늦게 했던 것이다. 나의 잘못된 삐뚤어진 마음을 보게 되면서 인정하기 싫었던 책의 내용을 인정할 수밖에 없었다.

웃음을 잃고 굳어있던 얼굴 근육을 펴려고 노력을 하면서부터 나의 마음도 밝아지게 되었고, 얼굴빛이 달라졌다. 그러면서 조금씩 상황들이 나아지기 시작했다. 비록 굴곡이 있고 완전하지는 않았지만, 전과 다르게 새로운 꿈과 희망이 생기게 되었다. 어느새 어렸을 때의 자신감도 조금씩 생기고 있었다.

나의 얼굴에는 자연스러운 웃음이 지어졌고, 그 웃음과 미소로 행복 바이러스라는 말도 듣게 되면서 점차 생기 있는 삶이 되고 있었기에 나의 감정이 나의 느낌이 기도임을 인정하게 되었다.

그리고, 어렸을 때처럼 오늘을 충실히 살면서 행복했던 그 방법을 다시 기억해낼 수 있게 되었다(많은 시간이 걸렸고 결코 쉽지 않았다).

이정일 작가의《오래된 비밀》중에서 "과거를 돌아본다는 것이 단순한 추억의 회상이 아닌, 자기 내면과의 진솔한 만남이고 대화라야 한다"라고 했다. "지나간 과거에 매달리는 순간 미래의 시간은 결코 오지 않는다"라는 말을 생각하며 지난 나의 시간 속에 나의 잘못들을 반성하고 나를 기다리고 있는 나의 미래를 위해 오늘을 살기로 했다.

모리스 마테를링크(Maurice Maeterlinck)의 동화,《파랑새》는 모두가 알고 있을 것이다. 희망과 행복을 상징하는 파랑새를 찾아 밤의 나라, 숲속나라, 미래의 궁전 등을 헤매지만 결국 파랑새는 자신이 사는 집에 있었다는 내용이다.

나는 이 동화의 내용을 교훈으로 생각한다. 희망과 행복을 상징하는 파랑새는 남에게 있는 것이 아니다. 성공도 실패도 그 원인은 외부에 있지 않고 오직 나에게 있다는 것을 알았다. 그동안의 시간 속에서 나는 생각과 의식의 변화가 있어야 함을 배웠다. 그리고 지금 나의 생각의 중요함과 오늘 내가 행복해야 하는 이유를 알았다.

　내일이 아닌 오늘을 살며 오늘의 나의 감정과 느낌에 집중해야 하
는 이유는 그것이 기도이기 때문이다. 그런 이유로 인생에서 가장
소중한 날은 바로 지금이며 오늘이다.

현재에 집중하는 사람은
불평할 틈이 없다

　어렸을 때 양평 큰집에서 본 밤하늘의 별은 크고 선명하며 정말 많았다. 그리고 달무리도 아주 밝고 컸다. 밤하늘에는 별자리를 통해 많은 이야기가 숨어 있다. 그리고 참 아름답다.

　나는 별들에 홀려 얼마나 지났는지 목덜미가 아파서 더는 볼 수 없을 만큼 봤다. 별을 세고 또 셀수록 하늘이 너무 예쁘다는 생각에 반해버렸다. 갖가지 그림을 그려놓고 숨은그림찾기를 하듯 별들을 쏘아봤고, 그 별들을 내 맘대로 이어가며 그림을 그렸다가 지웠다가를 반복했다.

　그러는 동안 사촌오빠가 부르는 소리도 듣지 못하고 가까이 다가오는 것도 모르고 있었다, 나를 툭 건드리자 너무 놀라 주저앉아 일어나지 못했다. 오빠도 덩달아 놀랐다. 잠시 뒤에 반딧불을 보러 가자고 하는 말에 귀가 번쩍했다.

그날 밤 너무나 많은 반딧불을 볼 수 있었고 나는 정신없이 쫓아다녔다. 그러다가 발을 잘 못 디뎌 개울물에 빠졌는데 온통 아름다움에 취해 마냥 좋았다.

모두가 그렇듯이 자신이 좋아하는 것에 집중하면 정신이 온통 그것에 쏠려서 다른 것에 관심이 없어진다.

오빠가 대학입시를 앞두고 공부를 할 때다. 그때만 해도 야간통행 금지시간이 있었다. 학교에서 몇 사람을 뽑아 교실을 비워 늦은 시간까지 공부할 수 있도록 배려를 해주었지만, 기숙사가 없던 터라 통행 금지시간이 되기 전에 집으로 와야 했다. 하지만 시간을 놓치게 되면 학교에서 밤을 새우기도 했다.

우리 집은 구조가 조금 이상했다. 아쉽게도 방이 두 칸이었기에 오빠가 공부할 수 있는 방은 우리가 쓰는 방이었고, 책상을 둘 수 있는 공간이 없다 보니 방 가운데 있었다. 우리가 잠을 잘 때 오빠는 우리를 내려다보면서 공부해야 했다. 그런 상황에서 공부하기란 쉽지 않았을 것이다. 우리가 잠자는 모습을 보면 오빠도 잠을 자고 싶었을 것이고, 집중하기가 매우 힘들었을 텐데 불평 하나 없었다. 오로지 공부에만 집중했으며 그 집중력이 놀라웠다.

책상에 앉아 공부하다가 깜박 졸면 꿈에서 풀지 못했던 수학 문제를 풀어주는 것을 경험한다고 했다. 나는 그것이 너무 신기했다. 꿈에서 푸는 방법으로 풀게 되면 쉽게 빨리 문제를 풀게 된다고 했다. 여러 차례 경험했던 오빠는 그 방법을 터득한 사람 같았다.

회사에 연구원으로 취업을 하게 되었을 때 일본으로 출장을 가야 하는 일이 있었다. 6개월간 일본어 책 한 권을 사서 달달 외우더니 일본어를 익히게 되었고, 그렇게 2년간 일본에서 일하다가 왔다.

오빠가 뭔가에 집중할 때는 불러도 듣지를 못한다. 같은 공간에 있으면서도 완전히 다른 나라에 있는 사람처럼 느껴진다. 그 집중력이 그저 놀랍기만 했다.

가까이 성공한 사람을 찾는다면 오빠를 볼 수 있다. 단거리를 달리듯 한 단계씩 계획을 세워 자신의 목표를 이뤄나가며 자신을 키워나가는 모습을 봤다. 그렇게 자신의 사업을 키우며 성공을 했다.

강의를 들을 때 늘 빠지지 않고 나오는 이야기가 있다. 한 청년이 왕을 찾아가 인생의 성공 비결을 알려 달라고 한다. 왕은 큰 컵에 포도주를 채우고 청년에게 건네주며 시내를 한 바퀴 돌고 오라고 한다. 그러면서 칼을 든 병사 한 명을 붙여 이 청년이 포도주를 한 방울이라도 흘리게 되면 그 자리에서 목을 베라고 명령을 내린다. 식은땀을 흘리며 그 잔을 들고 시내 한 바퀴를 돌고 돌아온 청년에게 왕이 물었다.

"시내를 한 바퀴 도는 동안 무엇을 보고 들었느냐?. 아무것도 보고 들은 것이 없습니다. 넌 거리에 뛰어다니는 아이들도, 장사하는 사람들도, 걸인의 모습도 보지 못했단 말이냐? 네, 포도주잔에 신경을 쓰느라고 아무것도 볼 수가 없었습니다."

왕은 웃으며 말을 했다. "그것이 앞으로 인생에서 성공할 수 있는 비결이다. 너의 목표를 세우고 그것에 지금처럼 집중한다면 어떤 유혹이나 비난도 들리지 않게 될 것이다."

고등학교 시절 등교하는데 봄비가 내렸다. 비에 젖은 우산을 들고 실내화로 갈아 신었다. 그 현관에 학생주임 선생님이 있었다. 여러 학생이 실내화로 갈아 신고 들어가는데 그중 한 명의 선배를 불러 세우더니 따귀를 때리는 모습을 보며 너무 놀라서 무슨 일인지 부동자세가 되어 지켜보게 되었다. 우산을 물이 떨어지게 그냥 들고 들어가려 했다는 이유였다. 우산을 바닥과 수평이 되게 들고 들어가라는 말을 그 선배가 듣지 못했던 모양이다. 그것을 본 이후 학교생활이 그다지 기대가 되지 않았고 온통 긴장의 연속이었다.

배움보다 규율을 더 신경 써야 했고 그 규율을 조금이라도 어기면 여지없이 체벌이 뒤따랐기에 정말 학교 가는 것이 싫었다.

그러던 중 나는 내가 하고 싶었던 무용을 할 기회가 생기면서 그 싫었던 학교가 갑자기 좋아지게 되었다. 2학년이 되어서는 무용실 열쇠를 내가 관리하면서 언제든 들어가서 연습을 할 기회도 많아지게 되었다. 싫기만 했던 학교생활이 내가 좋아하는 무용을 할 수 있다는 이유만으로 모든 불만이 사라졌고, 대회에서 우리가 우승한 이후로는 교장 선생님의 격려로 더 열심히 할 수 있었다.

외부적인 환경이 변한 것은 없었는데 단지 내가 학교에 가고 싶은 이유가 생기면서 좋아지게 되었다. 그것만으로 내게 있던 모든 불만이 다 사라지고 오히려 무용할 수 있게 된 것에 감사했다. 친구들의 투덜거리는 소리도 한쪽으로 흘려듣게 되고 거기에 동조할 이유가 없었다. 오로지 나의 꿈이었던 무용만을 생각했고 선생님들의 관심사가 되었던 무용부에 책임감으로 공부도 더 열심히 하게 되었다.

정말 힘들었을 학교생활이 가장 즐거운 시간으로 보낼 수 있게 된 것은 오로지 하고 싶은 것을 할 수 있었다는 이유였다. 적어도 무용선생님이 그만두시기 전까지는 나에게는 최고의 시간이었다. 새벽에 교문이 열리기도 전에 도착해서 무용연습을 위해 기다리는 일도 생겼다. 친구들과 어울리는 시간보다 무용을 연습하는 시간을 더 많이 만들면서 땀으로 시간을 보내며 자신을 채워가는 만족감으로 날마다 내 세상을 사는 행복함을 느꼈다. 무언가에 집중할 수 있다는 것은 나를 성장시키는 시간이기도 하다.

그 시간 동안 나는 많은 것을 배울 수가 있었다. 어설프지만 전문인 흉내를 낼 수 있을 만큼 성장해서 창작을 통한 작품을 만들고 무용복을 스스로 디자인하며 나의 창작활동을 즐길 수 있었다. 살기 위해 쏟는 에너지와는 다른 생명에 숨을 불어넣는 듯한 강한 에너지를 느낄 수 있었던 그 시간에 나는 어떠한 불평도 생기지 않았으며, 나의 모든 순간은 할 수 있는 방향으로 나를 이끌고 있었다.

그때의 경험으로 보면 엄하기로 소문이 난 학교에서 아무런 불만을 느끼지 못하며 즐겁게 보낼 수 있었던 것은 나의 하고자 했던 분명한 것이 있었기에 가능했다. 그렇게 자신의 분명한 목적이 있는 현재에 집중하게 되면 불평을 할 틈이 없게 된다. 윌리엄 펜(William Penn)은 "행복으로 가는 비밀은 남들이 불평할 때 축복만 생각하는 것이다"라고 했다. 불평하지 말고 축복만 생각하자.

시련을 이기고 매일 더
성장하는 삶을 살아라

아침에 자고 일어났는데 날이 춥고 눈도 많이 오고 있었다. 그런데 갑자기 난방이 잘 안 되고 더운물도 나오지 않았다. 이렇게 추울 때는 정말 움직이기가 싫다. 침대 속에서 마냥 뒹굴뒹굴하다가 마지못해 일어나 꼼지락거렸다. 움츠리고 있던 몸은 개운하지가 않고 움직임이 둔해졌다. 빨리 전문가를 불러 진단을 받고 방법을 찾아야 했다. 그러나 하필 연휴라서 며칠을 꼼짝없이 춥게 지낼 수밖에 없었다. 집안 온도가 급격히 내려가면서 두꺼운 외투를 입고 있어야 했다. 몸의 혈관이 점차 수축이 되는 것 같았다.

춥다는 이유만으로 해야 할 것을 최소화하면서 지냈던 이 시간 동안 평소 움직임보다 반 이상이 줄었었다. 그저 이불속에서 생각만 했다. '빨래도 해야 하고 설거지도 해야 하고 청소도 해야 하는

데, 에이, 내일 하자.' 모든 것이 하기 싫었다.

결국, 배관에 문제가 있어서 청소하며 여러 차례 손을 본 후에야 정상적으로 따뜻해졌다. 몸의 움직임도 원활해지면서 그동안 미루어두었던 일을 몰아서 했다.

마음에 힘든 일이 있게 되면 생각이 마비되는 것 같다. 마음이 움직이지 않아 행동할 수 없게 된다. 배관 청소를 하듯 빠르게 해결이 된다면 다행인데 그러지 못하면 참으로 오랜 시간을 그 속에 빠져서 헤어나지 못하게 된다.

엄마는 내가 출근하기 전까지도 건강해보이셨다. 그런데 저녁에 갑자기 두통을 호소하시더니 정신을 잃고 큰언니에 의해 구급차에 실려 병원으로 가셨다. 그리고 뇌출혈로 수술을 받으셨지만 이내 깨어나지 못하셨다. 꿈에서조차 엄마가 돌아가신다는 생각을 한 번도 하지 않았던 나는 그날도 여느 날처럼 출근했다. "다녀올게요" 했던 그 말이 마지막이 되어버렸다. 나는 엄마 곁을 지키지 못했고 그것이 가장 큰 슬픔과 죄책감으로 남게 되었다. 엄마에게 늘 아픈 손가락이었던 나는 모든 것이 죄스러웠는데, 결국 끝까지 엄마에게 아무것도 해드리지 못했다.

나의 삶이 힘들다고 엄마에게 너무도 소홀했던 나는 나 자신을 많이 원망했다. 나의 아이들도 모두 엄마에게 맡겨놓고 지키지 못할 약속으로 차일피일 시간만 보내며 모두에게 소홀했다. 그것은 모두에게 상처를 준 것이 되었고, 할 일을 다 하지 못한 나는 죄책감을 지울 수가 없었다.

그런 상태에서 나 스스로 벌을 주듯 몸으로 더 힘든 일을 찾으며 나 자신을 학대했고, 그런 시간을 오래도록 보냈다. 울 자격도 없다는 생각에 눈물을 참았고, 내가 편하게 지내는 것은 죄라는 생각을 계속했다. 많은 시간을 그렇게 지내다 보니 앞으로 나아가기보다는 뒤로 처져서 내가 할 수 있는 일이 점점 없어지는 것 같았다.

어느 순간 이렇게 사는 것은 엄마도 원하지 않으실 것이라는 생각을 했다. 내가 우리 아이들이 잘되길 바라듯 엄마도 그러실 텐데, 오히려 나의 모습으로 더 가슴 아프게 만들고 또다시 불효하는 것이라는 생각을 했다.

정신을 차리고 진지하게 나의 삶을 생각했다. 어떻게 살아야 잘 사는 것인지를 고민했다. 뿌연 연기가 가득해서 앞이 흐릿한 기분이었다. 방향을 잃고 헤매면서 나의 열정을 쏟을 곳을 찾지 못하고 허탈함을 느끼고 있었다. 생각하면 할수록 머리만 아프고 얻어지는 것이 없었다.

누군가의 말을 들으면 금세 혹했다가 다시 생각하면 아니다 싶었다. 그저 남들의 말에 의존했던 나는 올바른 생각을 할 수가 없었다. 내게 말하는 그들이나 나나 별다른 차이를 느끼지 못했기에 그들의 말을 듣는 것이 답답했다. 나는 성공한 사람들의 말을 듣고 따르기로 했다.

세상에서 말하는 성공했다고 하는 사람들의 이야기를 들으면 가슴을 뛰게 하는 것이 있다. 그들의 말에는 상대를 움직이게 하는 힘이 있다. 성공을 위한 강한 몰입과 도전으로 뭉쳐진 그들의 생각에는 '적당히'와 '대충'이라는 단어는 존재하지 않는다. 날카로운 판단과 의지와 신념이 있기에 강함을 느낀다. 모호한 표현을 싫어한다. 확고함과 정확한 것을 좋아한다.

성공한 사람들은 자신에게 오는 시련을 생각하지 않는다. 그들은 신중한 결정 하나에 열을 행동하듯 행동가이며 실천가들이다. 막연함이란 없다. 청사진을 그려놓고 반드시 자신이 그린 그림을 완성해낸다. 그러기 위한 그들의 행동력은 상상을 초월할 만큼 엄청난 행동가들임을 알 수 있다.

지금 내가 힘들다고 생각할 겨를이 있다는 것은 나의 목표가 확고하지 않다는 이유일 것이다.

그 상황을 극복하려면 지금 무엇을 해야 할지를 생각하고 그것을 해내는 것에 집중한다면 불평할 틈이 없어지며, 자신의 능력을 최대치로 끌어낼 기회를 만들게 될 것이다.

무슨 일을 하든 지금의 자리에서 다음 단계로 한 계단 더 높여 가려면 반드시 지금과는 다른 생각과 다른 행동이 필요하다. 지금 나의 위치와 나의 자리는 지금까지의 내 생각과 행동의 결과임이 분명하다. 지금까지의 내 생각과 행동이 일반적이었다면 이보다는 분명 좀 더 탁월함이 있어야 다음 단계로 나아갈 수 있는 것은 당연한 일이다.

나의 시선이 힘든 환경 안에 있다면 남 탓과 환경을 탓하며 언제까지나 그 자리에 있게 될 것이다. 하지만 나의 시선을 나의 목표에 둔다면 그 벽을 깨고 나올 것이며 나의 위치는 바뀌어 있을 것이다.

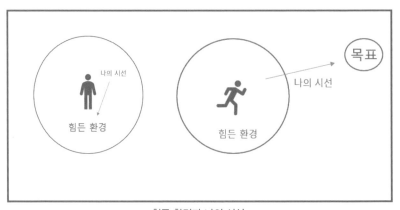

힘든 환경과 나의 시선

(출처 : 저자 작성)

시련을 이기는 특별한 방법이란 없다. 안 되는 핑계를 찾지 말고 오로지 자신의 목표를 보며 행동을 해나가는 것만이 답이란 생각을 한다. 지금 나의 모든 상황이 마이너스 100이라면 플러스 100으로 만들려는 과정에서 분명 제로라는 점을 뛰어넘는 순간이 있어야 할 것이다. 그러기 위해서 얼마나 집중을 하고 얼마나 행동을 하는지 자신을 돌아볼 필요가 반드시 있다.

성공하기 위해 치열하게 사는 것이나 지금의 힘든 상황에서 시간을 팔아 돈의 노예처럼 사는 것이나 힘들기는 매한가지겠지만 목표가 있고 없고 차이가 있으며 얻어지는 결과와 삶의 질은 완전히 달라진다. 어차피 모든 것에는 대가가 있는 것이다. 내가 원하는 것을 얻으려면 나의 노력이 더 많이 필요함을 인정해야 한다.

어떤 이유에서든 내게 시련이 있다는 것은 더 노력해야 함을 의미하는 것이 분명하다. 나의 목표에 시선을 두고 시련을 이기며 매일 더 성장하는 삶을 살아야 한다.

사람은 자신이 믿는 대로 된다

　술주정뱅이 아버지를 보며 자란 쌍둥이가 있는데 한 명은 아버지처럼 똑같이 술주정뱅이 되어 같은 삶을 살고 다른 한 명은 그 모습을 보면서 나는 절대 아버지처럼 살지 않겠다고 다짐하며 의사가 되었다는 이야기를 들었다. 둘의 차이는 무엇일까?

　자신이 무엇이 된다는 것은 자신이 원하는 모습일 수도 있고 그렇지 않은 모습일 수도 있다. 대체로 자신이 원하는 모습이 된 사람들은 아마도 성공했다 할 수 있을 것이다.

　자신의 환경에서 변화를 시도했던 의사가 된 아들은 엄청난 노력을 했을 것이라고 짐작할 수 있다. 공부는 무슨 공부냐며 술을 마신 아버지는 툭하면 때리고 책을 치워버렸다. 없는 돈에 비싼 책값과 공부를 하기 위해 들었어야 할 큰 비용을 모두 일을 하며 충당을 해야 했기에 부족한 시간을 잠을 쪼개가며 해야 했고, 무시하는 행동에도 굴하지 않고 자기 생각대로 공부했다.

아버지처럼 똑같은 삶을 사는 아들은 내가 보고 배운 것이 그게 다인데 내가 다른 무엇을 하겠냐며 그대로 살게 된 것이다. 당장 편안함을 생각하며 환경과 남 탓을 하며 살았다. 가장 손쉽게 사는 법을 택한 것이다. 그러나 이런 삶은 자신의 인생뿐만 아니라 다른 사람의 인생마저 힘들게 한다.

한날한시에 태어난 두 사람이 엄청난 다른 삶을 살게 된 것은 오로지 그들의 생각에서 비롯된다. 같은 것을 보고도 다른 생각을 하고 다른 행동을 한 것이다.

자신이 무엇이 된다는 것은 자기 생각에 따라 만들어진다. 어떠한 생각을 하든지 그것이 자신의 삶을 좀 더 성공적인 쪽으로 이끌 수 있는 방향이어야 한다. 성공은 자신감과 안정감을 주며 차원이 다른 삶을 살게 한다. 따라서 크든 작든 자신의 목표를 세우면 반드시 성공적으로 이끌 수 있도록 해야 한다.

나는 나의 힘들었던 삶을 통해 모든 것이 내 편이 아니라고 믿었던 순간들이 있었다. '그 일이 잘되겠어? 과연 나에게 그런 행운이 있을까?'라고 생각하며 자신을 믿지 못했다. 부정적인 마음에는 나의 성공을 거부하고, 할 수 없을 것을 암시해왔다. 마치 모든 것은 내가 아닌 외부의 그 어떤 힘으로 만들어지는 것처럼 생각했다.

하지만 돌이켜 보면 크고 작게 여러 가지를 해냈다. 그때는 그것을 해야 하는 분명한 이유가 내게 있었고 반드시 꼭 해내야만 한다고 생각을 했었을 때였다. 그러나 내가 해냈던 것이 다음으로 연결이 되지 않았다. 항상 단발성으로 끝났다. 내게는 당장 눈앞의 단기적인 계획만 있었고 그것을 이루고 나면 잠시 또 헤매는 시간을 갖게 되었다. 충분히 되어가고 있는 것인데 그것을 눈치채지 못했으며 무엇이 문제인지 모르고 있었다. 그러면서 일이 안 된다고 생각을 하고 원인을 내가 아닌 외부에서 찾았다.

시간이 지날수록 내게 유리한 방법을 찾게 되면서 무슨 일을 하든지 모든 것은 외부의 그 어떤 것이 아닌 나에 의해 일이 이루어진다는 것을 강하게 깨닫게 되면서 안 되는 이유를 내게서 찾을 수 있게 되었다.

나는 태권도의 발전과정을 살펴볼 때 빼놓을 수가 없는 분들이 계신다는 것을 알고 있다. 외교관이 생기기도 전에 공산국가도 마다하지 않고 각 나라에 나가서 태권도 전파를 했던 원로 사범님들이다.

그들은 실패라는 생각은 단 1%도 없었다. 1970년대부터 현재 212개국 나라에 전파를 하기까지 말도 통하지 않는 다른 나라에 가서 온몸으로 부딪쳐 가며 일궈낸 그들의 노력은 말로 다 할 수 없는 외로움과 고통의 시간이었음을 짐작하고도 남는다. 안정된 생활은 고사하고 생존을 우선해야 했던 시간도 있었고, 그렇게 시간을 보내며 점차 태권도를 정착시키기까지의 과정을 말로 풀기 전에 눈물부터 흐르는 이유일 것이다.

다른 나라에서의 생활은 그들에게 애국심을 더 커지게 했으며 오로지 본국을 생각하며 태권도를 전파했던 그들의 노고 덕분에 지금의 올림픽 종목으로 안착시킬 수 있게 된 것이다. 지금은 당연시되는 올림픽 종목으로의 채택과 그것을 유지해나가는 과정에서도 그들의 노력은 끊임없이 계속되고 있다. 당연한 것이 아닌 누군가의 노력이 계속 이어지고 있기에 가능할 수 있는 일이라는 것을 알기에 늘 그분들에게 감사한 마음을 지니고 있다.

기업이 아닌 개인들의 움직임이 세계를 움직인 것이다. 그들의 공로를 공식적으로 당연하게 인정해주어야 한다. 그러지 못한다고 하더라도, 그리고 그것을 알지 못한다고 해도 그들의 공로가 없어지는 것은 아니다.

1970년대에 각 나라에서 인정받는 위치로 성장시켜 자리매김하며, 후에 기업인들이 들어가 자리를 잡을 수 있도록 보이지 않게 도움을 줄 수 있었던 그들의 활약은 존경하지 않을 수 없다. 지금도 태권도인들이 끊임없이 파견되면서 놀라운 시범과 많은 역할로 그동안 쌓아놓은 인식 위에 더 크게 그 위상을 높이고 있으며 태권도 발전에 힘쓰고 있다.

그들은 오로지 모든 원인을 자신에게서 찾아야 했고 자신의 삶을 치열하게 개척해낸 사람들이다. 자신의 강한 의지와 믿음으로 지금의 결과들을 만들어낸 것이다. 자신이 믿는 대로 자신의 삶을 만들었으며 크게는 나라에 작게는 주변의 사람들에게 많은 영향을 주며 살아가고 있다.

나도 그 안에 작게라도 힘이 되는 사람이 되고 싶다. 불가능을 가능하게 했던 현대그룹의 정신적 지주인 정주영 전 회장이었던 그의 말은 모두가 알고 있다.

"무슨 일이든 할 수 있다고 생각하는 사람이 해내는 법이다. 의심하면 의심하는 만큼밖에 못 하고, 할 수 없다고 생각하면 할 수 없는 것이다. 나는 어떤 일을 시작하든 '반드시 된다'라는 확신 90%에 할 수 있다는 자신감 10%로 100%를 채우지, 안될 수도 있다는 회의나 불안은 단 1%도 끼워 넣지 않는다. 안된다고 보는 사람이 많을수록 더 해내고 말겠다는 결심은 굳세어지고, 일이 되도록 하려는 노력을 더 치열하게 할 수밖에 없어진다."

이렇게 말했던 그는 자기 목표가 너무도 뚜렷했으며, 된다는 확고한 믿음이 있었다. "해보기는 해봤어?"라는 말은 끝없는 도전을 하게 했고, 세계에 앞서가는 기술로 발전시켜 거대 기업을 이룬 것은 절대 우연이 아님을 보여준다.

무엇을 생각하든 결국 사람은 자신이 믿는 대로 되는 것이다.

욕망은 절대 나쁘지 않다

"인간이 원래부터 타고나는 저마다의 프로그래밍이 된 개인적인 것이 욕구"라고 윌리엄 그라서(William Grasser)는 말한다. 욕구와 욕망은 거의 비슷한 말이다. 하지만 욕심과 욕망은 다르다. 사전적 의미로 보면 욕심은 분수에 넘치게 탐하는 것이고, 욕망은 부족을 느껴 무엇을 가지거나 누리고자 하는 마음이라고 한다.

1970년대와 2020년대 우리나라 사회상을 비교해보면 눈부시게 발전했다. 그렇게 발전을 시킬 수 있었던 것은 바로 욕망에 의한 것이다.

가난은 없는 것에 대해 고통스럽게 느끼게 한다. 근면, 자조, 협동의 정신으로 잘살아보고자 하는 강한 욕망으로 만든 것이 새마을

운동이다. '잘살아보세, 잘살아보세, 우리도 한번 잘살아보세'라는 노래를 기억한다. 아침 일찍 방송으로 '새벽종이 울렸네, 새 아침이 밝았네…'라는 노래로 시작을 한다. 틈틈이 흘러나오는 노래는 국민의 마음을 하나가 되게 했고 일깨워 주었으며 그것을 기반으로 이루어진 새마을운동은 우리나라를 크게 발전시켰다.

지금의 번영을 일으킨 가장 근본이 되는 새마을운동은 제3세계 국가에서도 배우러 오고 있다. 하지만 우리나라만큼 성장을 일으키지 못한다. 우리나라에서 성공할 수 있었던 것은 가난에서 벗어나고자 하는 욕망으로 모두가 뭉칠 수 있었기 때문이다. 그렇게 뭉칠 수 있었던 가장 큰 원인은 바로 노래라고 한다. 매일 같은 시간에 노래를 틀어서 전 국민이 새마을운동을 하려는 이유를 정확하게 파악을 하게 했고, 우리도 한번 잘살아보자는 마음을 가지게 했다.

국민이 모두 잘살게 만들고 싶었던 강한 욕망을 가진 지도자와 그를 중심으로 잘살아보고 싶다는 욕망으로 하나가 된 국민의 마음이 이루어 낸 것이 바로 세계에서 가장 빠르게 성장하는 기적을 만든 것이다. 이처럼 욕망은 나라를 그리고 개인을 발전할 수 있도록 만든다.

각자에게 있는 욕망은 개인의 꿈이 되고 그것을 이루어 낸 사람들은 성공자가 된다. 욕망이 얼마나 큰지에 따라 그 맺어지는 결실의 차이가 있을 것이다.

욕심은 다른 사람들에게 피해를 줄 수 있지만, 욕망은 다른 사람들에게 도움이 될 수가 있다. 욕망으로 이루어진 세상은 우리를 더 살기 좋게 만들었고, 더 많은 것을 보고 더 많은 것을 알게 했다. 욕망과 욕심을 하나로 탐욕이 되지 않는 한 욕망은 필요하다.

욕망은 꿈을 가지게 만들고 그로 인해 움직이게 한다. 욕망이 클수록 더 많은 것을 꿈꾸고 더 많이 생산하게 된다. 어쩌면 욕망은 우리를 살아갈 수 있게 하는 원동력이라고 할 수 있겠다.

집안에 결혼식이 있었다. 오랜만에 친척들이 모이는 날이었다. 예식이 끝나고 요양병원에 계시는 이모를 병문안 가기로 약속한 우리는 주소를 확인하지 않고 앞차를 따라가고 있었다. 내 차가 제일 끝에 쫓아가고 있었다. 그런데 앞차가 건널목을 두고 차선을 바꾸는 것을 보고 급하게 따라서 바꾸려는데, 옆 차가 양보를 하지 않아 조금 더 속도를 내서 추월할 생각이었다. 그런데 신호등이 빨간 불로 바뀌면서 달리던 차들이 서게 되었고 나는 브레이크를 밟으면서 앞차를 받아버렸다. 함께 타고 있던 엄마와 우리 아이들이 놀라는 모습을 보고 내가 너무 무리하게 운전한 그것에 대해 후회를 하고 있었다. 다행히 다친 사람은 없었으나 차는 완전히 형태가 없이 일그러져버렸다.

차에는 별 관심이 없었는데 그 일로 차에 관한 관심이 생겼고 다른 차를 사고 싶어졌다. 이후 계속 차에 대해 생각을 하게 되었다. 그 욕망으로 계획을 세우게 되면서 나는 차를 바꿀 수가 있었다. 아마도 그것이 시작이 되었던 것 같다. 원하던 것이 하나 이루어지게 되니까 다른 것에 대한 또 다른 계획을 세우게 되었다. 그러면서 차츰 계획을 이루는 방법들을 찾아가게 되면서 일부는 성공하고 일부는 포기하기도 했다.

욕망이 없다면 꿈도 있을 수 없다. 그리고 하고자 하는 마음을 불러일으킬 수 있는 열정도 욕망이 있어야 가능하다는 것을 알았다.

욕망이 크고 많을수록 자신을 더 발전시키고 성장시키는 역할을 하게 될 것이다. 단지 욕망이 아닌 욕심을 착각해 탐욕스러움으로 자신을 더 힘들게 하는 그것과는 구분해야겠다.

소크라테스와 플라톤(Platon)은 '자신에게 결핍된 대상에 대한 사랑'을 욕망이라고 인식했다. 욕망은 결핍에서 시작이 되고, 그것을 채우고 싶다는 마음이다. 결국, 그 결핍을 채워가면서 행복을 느낄 수 있기에 인간이 발전할 수 있다고 생각한다.

TV에서 어느 연예인의 말을 들었다. 자신이 원하는 것을 다 이루고 갖게 되니까 사는 것이 "이게 다인가?"라는 의문이 들더란다. 뭔가 채워지지 않는 허전함이 있었고, 그래서 사는 것에 대해 진지하게 생각하며 많은 책을 접했다. 그런데 결국은 나눔을 통해 자신의 빈 마음을 채울 수 있었다고 한다. 그래서 직간접적인 후원 활동을 하고 있다는 말을 들었다.

오래전 봤던 내용으로 자세한 기억은 없지만 대체로 이런 내용으로 기억을 한다. 그 말을 들으면서 초등학교 다닐 때 무거운 짐을 들고 지나가던 할머니를 도와 대신 짐을 들어 드렸던 것이 생각났었다. 스스로 그날 뿌듯함에 혼자 즐거웠던 것이 오래도록 기억이 남는 것은 누군가를 도울 수 있어서 뿌듯하고 행복했던 감정이 있었기 때문이다. 그래서 그 말에 깊게 공감을 하면서 들었던 기억이 난다.

어쩌면 모든 사람의 가장 깊숙이 있는 욕망은 나의 발전을 통해 누군가의 부족함을 채워줄 수 있고, 나의 능력으로 인해 누군가의 아쉬움을 달랠 수 있도록 해주는 것이 아닐까 하는 생각을 해본다.
지금 내가 성공하고 발전하기를 원하는 것 또한 누군가에게 도움이 될 수 있기를 바라는 마음이 큰 것을 보면 최종 욕망은 나눔이라는 생각을 한다.

내가 몸담은 경태협에서도 때마다 이러한 나눔을 실천하고 있다. 열악한 환경의 외국에 도복과 태권도 장비를 보내주고, 국내에서도 병원에 입원해 계시는 태권도인에게 병원비 일부를 건네기도 하며, 어려운 곳을 찾아 크고 작게 나눔을 하고 있다.

내가 직접 그 나눔을 온전히 다하는 것이 아니더라도 작은 마음을 보태어 참여하게 된다는 것이 기쁘고 감사하다는 생각을 한다.

나만 잘 먹고 잘살고자 하는 것은 욕심에 불과하다. 하지만 대체로 성공한 많은 사람은 누군가에게 도움이 되고자 하는 마음이 있으며, 선행을 많이 베풀고 있다. 그들은 자신의 부족함을 채우려는 것으로 시작해서 성장하고 성공했지만, 크고 작은 선행들로 사람들에게 도움을 주며 그 안에서 더 큰 행복감을 느끼고 있다.

욕망은 절대 나쁘지 않으며 오히려 성장의 도구가 되고 더 많은 발전을 할 수 있게 한다. 따라서 자신의 욕망을 찾아 그것을 자신의 성장 도구로 활용할 수 있기를 희망한다.

성공하는 사람은 매일 자신의 꿈을
생생하게 상상한다

어렸을 때 오빠는 1차원 세계에서는 장애물을 만났을 때 그것을 피해 돌아간다고 말했다. 정말 단순하다. 2차원 세계에서는 그 장애물을 넘어가려 애쓴다고 했다. 3차원 세계에서는 그 장애물을 뚫고 지금의 터널처럼 만들어서 통과한다는 것이다. 4차원에서는 그럴 노력도 필요 없이 그 장애물을 그냥 통과한다고 했다.

나는 4차원 세계에서처럼 내 앞에 있는 모든 장애물을 다 통과시키고 내가 원하는 환경이 뚝딱 만들어졌으면 좋겠다는 생각을 많이 했었다. 그런데 의식에 관련된 많은 책을 보면서 어쩌면 이것이 그 방법이 아닐까 생각한다.

전기 공학자이자 발명가인 니콜라 테슬라(Nikola Tesla)는 그의 어록에 3, 6, 9의 숫자에 대한 글을 남겼다. 그는 그 세 개의 숫자에 상당히 집착했는데 그 이유는 수학적이나 수비학적으로 신비로운 상징을 지닌다고 믿었으며 이것은 지금의 볼 텍스 수학과도 깊은 연관이 있다.

커다란 원은 360도이고 그 수를 더하면 3+6+0=9다. 그것을 반으로 나누면 180도가 되며 1+8+0=9가 된다. 또 180도를 반으로 나누면 90도가 되는데 9+0=9가 되고, 그것을 반으로 나누면 45도가 되며 그 수를 더해도 역시 4+5=9가 된다. 이처럼 개별적 숫자의 합은 모두 9가 된다.

테슬라는 숫자 3은 우주와 연결된 숫자고, 6은 내면의 의지, 9는 완성이라고 했다. 우주 만물은 에너지, 진동, 주파수로 되어 있으며, 3, 6, 9를 활용한 심상화는 목표물을 끌어당길 수 있는 진동의 힘을 얻는다고 했다.

내 생각과 믿음으로 내가 만들어지며, 반복과 잠재의식은 깊은 연관성이 있고, 반복적인 생각은 심상화의 강력한 도구라고 했다.

1856년에 태어난 그를 비롯해 많은 성공자는 이처럼 생생하게 자신의 꿈을 심상화하는 것을 알려왔다.

이러한 것을 실천해서 성공한 사람들은 말한다. 자신의 꿈을 생생하게 그릴 수 있다면 그것은 현실로 내 눈앞에 이루어진다는 것을….

김도사라는 타이틀로 방송하는 유튜브 채널을 봤다. 자신의 어려웠던 상황에서 현재 200억 원대 부자가 되기까지의 내용이 담겨 있었다.

그렇게 될 수 있었던 것은 오로지 의식의 변화였다. 그 의식의 변화 가운데 자신에 대한 믿음을 갖게 되었고, 그 믿음으로 출판사로부터 500번의 거절을 이기고 출판을 할 수 있게 되었다. 그리고 자신이 쓴 글이 교과서에도 실리고 TV에도 출연하게 되었으며, 베스트셀러 작가가 되었다. 그리고 1인 코칭으로도 성공했다. 그러면서 더 많은 사람들에게 꿈과 희망을 주며 인생을 바꾸어주고 있는 것이다.

책 쓰기 시스템을 확립해서 특허도 내고, 빠르게 작가의 활동을 할 수 있는 길을 열어주고 있다(그를 만나 지금의 글을 쓰게 됨을 감사하게 생각한다).

작가로서 활동하는 자신의 모습을 그려가면서 상상을 했고, 기도문을 만들어 그것으로 더욱 더 깊은 심상화를 할 수 있었던 그는 많은 사람들의 의식성장을 위한 도움을 주고 있다.

옛말에 가난은 나라님도 구제할 길이 없다고 하는데, 1,100명이 넘는 사람들을 작가로 만들면서 그들의 삶의 질을 높일 수 있도록 했다는 것은 정말 놀라운 일이다.

《닥터 도티의 삶을 바꾸는 마술가게》라는 제임스 도티(James R.

Doty)의 책이 생각난다. 실제 열두 살에 만나게 된 마술가게의 루스 할머니와 그의 아들 닐을 만나게 되면서 자신이 원하는 것들을 얻을 수 있는 모든 방법, 즉 진짜 마술을 배우며 그것을 사용해 자신의 삶을 변화시키고 만들어 갈수 있었던 내용을 다루었다.

그는 6주간 배웠던 이 내용을 활용해 실제 스탠퍼드대학 신경외과 교수로 '연민과 이타심 연구 및 교육센터'의 창립자가 다 되었다. 가난하고 불우했던 어린 시절의 환경을 극복하며 의대에 진학해 의사가 될 수 있었던 모든 것이 열두 살에 배운 내용으로 가능했음을 말한다.

그는 루스를 통해 마음의 상처를 고칠 수 있도록 그 방법을 배웠으며, 원한다고 생각하는 것은 모두가 반드시 이루어진다는 것을 배울 수가 있었다.

루스는 "날마다, 매주, 매달, 해마다 네 머릿속에서 선명하게 볼 수 있는 것 뭐든 진짜 현실이 될 거야. 네가 이미 가졌다고 상상하면 할수록, 네가 이미 되었다고 상상하면 할수록, 그 일은 더 빨리 이루어 질거야"라고 말한다.

자신이 실현하고 싶어 하는 것이 무엇인지 신중하게 생각해야 한다는 것과 결과에 대한 믿음이 중요함을 말한다. 그리고 뜻을 이루고자 하는 의도 안에는 엄청난 힘이 내재되어 있다는 것을 말해준다. 삼성 이병철 전 회장의 어록 중 몇 가지를 살펴본다.

"느낌을 소중히 하라. 느낌은 절대자의 목소리다. 힘들어도 웃어라. 절대자도 웃는 사람을 좋아한다. 항상 기뻐하라. 그래야 기뻐할 일이 줄줄이 따라온다. 기도하고 행동하라. 기도와 행동은 앞바퀴와 뒷바퀴다. 긍정적인 언어를 사용하라. 부정적인 언어는 복 나가는 언어다. 남이 잘됨을 축복하라. 그 축복이 메아리처럼 나를 향해 돌아온다. 마음에 풍요를 심어라. 마음이 가난하면 가난을 못 벗는다. 마음의 무게를 가볍게 하라. 마음이 무거우면 세상이 무겁다. 자신의 영혼을 위해 투자하라. 투명한 영혼은 천 년 앞을 내다본다."

세계를 뒤흔들어놓을 만큼의 영향력이 있는 대기업을 키워놓을 수 있었던 그 근간에는 그의 철학이 뒷받침을 해주고 있다고 믿는다. 그의 말에 모든 것이 함축되어 있다는 생각이 든다.

나는 생각을 한다. 어떠한 삶도 무의미한 삶은 없다. 모든 삶은 존재에 가치를 두고 있기 때문이다. 하지만 누군가에게 도움을 줄 수 있는 삶이 아름답고 더 큰 의미가 있음을…. 나는 그런 나의 모습을 생생하게 상상한다.

나는 지금보다 더 많이 행복해질 자격이 있다

제1판 1쇄 2023년 4월 5일

지은이   이영숙
펴낸이   최경선   **펴낸곳**   매경출판(주)
기획제작   ㈜두드림미디어
책임편집   이향선   **디자인**   얼앤똘비악earl_tolbiac@naver.com
마케팅   김성현, 한동우, 김지현

매경출판㈜
등록 2003년 4월 24일(No. 2-3759)
주소 (04557) 서울시 중구 충무로 2(필동1가) 매일경제 별관 2층 매경출판㈜
홈페이지 www.mkbook.co.kr
전화 02)333-3577
이메일 dodreamedia@naver.com(원고 투고 및 출판 관련 문의)
인쇄·제본 ㈜M-print 031)8071-0961
ISBN 979-11-6484-537-8 (03190)